LE PAYSAGE DANS L'ATELIER

PUBLICATION

DE LA

LORRAINE-ARTISTE

DIRECTEUR

E. GOUTIÈRE-VERNOLLE.

LE PAYSAGE DANS L'ATELIER

PAR

CH. DE MEIXMORON

NANCY

TYPOGRAPHIE G. CRÉPIN-LEBLOND, PASSAGE DU CASINO

1891

LE PAYSAGE DANS L'ATELIER

Par Ch. de MEIXMORON

NANCY

TYPOGRAPHIE G. CRÉPIN-LEBLOND, PASSAGE DU CASINO

—

1891

LE PAYSAGE DANS L'ATELIER

Source première de toute émotion, la nature doit être le seul guide du paysagiste : c'est à elle qu'il doit revenir sans cesse, comme à un foyer que rien ne peut remplacer d'inspiration et d'enseignement. Il serait désirable qu'il pût toujours l'avoir sous les yeux et la copier, mais il faut bien admettre que dans la pratique le paysage d'après nature est quelquefois impossible, et souvent très difficile.

D'abord, dans notre zône tempérée boréale, où l'hiver est rigoureux, où le printemps et l'automne sont presque toujours pluvieux et froids, et où l'été lui-même est très irrégulier comme température, on se condamnerait, si on ne voulait peindre que dehors, à passer plus des trois quarts de l'année à ne rien faire. Puis il faut compter avec sa santé et avec les dangers que lui font courir, même dans les saisons clémentes, de trop fréquentes stations en plein air. On n'a pas toujours vingt ans, ni trente, ni cinquante, hélas ! et de quelque robuste constitution qu'on soit doué, on court des risques perpétuels à s'exposer aux injures des éléments. Le mal de dents vous guette aux tournants des rivières ; le rhume de cerveau, précurseur de la bronchite, vous suit dans la rosée des matins ou sous l'ombre des bois ; le rhumatisme monte au déclin du jour de la buée des prés. Tant qu'on est jeune, on brave ces ennemis avec une belle audace, mais on devient prudent avec l'âge, et trop souvent on a à se repentir de ne pas l'avoir été assez tôt.

Autre obstacle : la course trop rapide du soleil, qui provoque des changements trop brusques d'ombre et de lumière. En voulez-vous quelques exemples ? Il est trois heures de l'après-midi, au mois de septembre. Vous vous êtes installé dans un pré, sous un ciel bleu, et, tourné vers le couchant, vous voulez peindre un groupe de peupliers que le soleil éclaire légèrement encore à gauche. Vous commencez résolument. Une heure après, l'ombre des arbres, qui s'étendait légèrement à droite, vient franchement vers vous, déjà longue. A cinq heures, elle oblique en longues traînées de droite à gauche, et plus vous attendrez, plus s'accentuera cette direction, qui finira par devenir presque horizontale. Cette ombre n'est que la résultante des divers éclairages qui ont successivement frappé la gauche, puis la face opposée, enfin le côté droit des arbres, et qui tous ont marqué un effet bien déterminé, si bien que si vous les avez suivis dans leur évolution, qui n'a cependant duré que deux heures, vous avez transgressé les lois les plus élémentaires de la cosmographie, de la géométrie et de l'optique, pour arriver à une œuvre sans tenue.

Dans une forêt, toujours par un grand soleil, toutes les parties du site que vous aurez choisi seront à tour de rôle frappées par les flèches d'or qui percent les feuillages, illuminant chaque tronc et chaque branche les uns après les autres, perçant le mystère des pénombres et créant à chaque quart d'heure de nouveaux éclats dont la multiplicité, rendue sur votre étude, en détruirait l'harmonie.

Temps gris. De gros nuages roulant leurs volutes au-dessus de vous. Devant vous, des maisons et des murs, très voisins du ciel comme valeur lorsque vous vous êtes mis à l'ouvrage. Tout d'un coup, sous le reflet d'un nuage lumineux que vous ne voyez pas, les murailles se détachent en clair ; puis et c'est le ciel lui-même qui, sous l'influence d'autres nuages, blanchit à l'horizon, mettant vos fabriques dans l'ombre.

Parmi toutes ces variétés d'éclairage, il en est une que vous avez trouvée préférable à toutes les autres, et après laquelle vous vous évertuez à courir. Mais bien souvent elle ne se représente pas, ni dans la première séance, ni dans les autres, et vous voilà avec une nouvelle étude inachevée sur les bras et un regret de plus.

Ces difficultés s'accroissent encore lorsqu'il s'agit de fixer des

scènes fugitives comme il s'en présente si fréquemment, aurores, crépuscules, brumes matinales, ciels orageux, et tant d'autres aspects qui
passent si vite qu'ils laissent à peine le temps de les indiquer en
quelques touches hâtives. Certains effets de soleil, très caractéristiques et très piquants, ne durent souvent que quelques minutes. Les
scènes de nuit, si séduisantes par leur tour poétique et délicat, sont à
peu près inabordables dehors. Quant aux vues d'hiver, de givre ou de
neige, elles exposent le peintre à trop d'inconvénients pour que je les
fasse sérieusement entrer en ligne de compte dans les possibilités du
paysage d'après nature : on peut en ébaucher une de temps à autre,
avec force pardessus, couvertures, cache-nez et snow-boots, mais à
tour de bras et comme un exercice d'agilité.

Le cours de nos saisons est devenu si capricieux — je dis devenu
parce que je ne puis me figurer que nous n'ayons pas eu, mes contemporains et moi, de plus longues périodes de soleil dans notre
jeunesse — qu'il faut s'attendre à tous les changements lorsqu'on
entreprend une campagne artistique. On arrive à la mer ou au
village par un temps superbe qui se maintient le lendemain et les
trois ou quatre jours suivants. Comme on n'en a que quinze devant
les mains, on met en route quatre études ensoleillées. Puis, un soir, le
baromètre se détraque ; le surlendemain, l'aube se lève toute brouillée,
la pluie arrive et dure huit à dix jours, après lesquels la végétation
s'est foncée, si l'on est au printemps, et jaunie, si l'on touche à l'automne. Si l'on a le loisir de reprendre ses études, on y trouve des
parties essentielles à modifier, au point qu'il vaudrait mieux en entreprendre de nouvelles.

A plus forte raison, lorsqu'on est en voyage, pressé par l'heure ou
par un itinéraire rigoureux, ne peut-on songer à rapporter que de
rapides indications qui ne sauraient jamais constituer de tableaux, et
qui, pour être présentables, devront être terminées.

Voilà bien des circonstances, toutes extérieures et physiques, si je
puis dire, qui s'opposent à ce qu'on peigne d'après nature des paysages
complets. On peut, je crois, pousser plus loin la thèse et étayer l'utilité du paysage dans l'atelier d'arguments d'ordre plus élevé, tenant à
des considérations d'esthétique pure. Essayons.

La peinture, dont le but final est de rendre sur une surface plane très
restreinte l'apparence des formes et des distances, est toute conventionnelle, et un tableau est le résultat d'une série de procédés artificiels se proposant l'illusion de la réalité. Ces procédés peuvent être

plus ou moins savants et raffinés, mais il y a à compter avec eux et
à ne pas leur demander plus qu'ils ne sont à même de donner. Leur
objectif est de rappeler la nature et de communiquer au spectateur les
émotions, d'essences bien diverses, qu'elle a suscitées dans l'âme du
peintre. Or, la nature est tellement délicate, variée et complexe, et
nos moyens de l'imiter sont tellement grossiers, qu'il nous faut absolument nous contenter de la résumer par quelques-uns de ses aspects
les plus caractéristiques. Si l'on avait la présomption de mettre dans
un tableau tout ce que contient un site qu'on a sous les yeux, aussi
bien comme détails de choses que comme couleur et comme sentiment,
on échouerait dans la plus mesquine des sécheresses et dans le plus
cacophonique des bariolages.

Il y a donc lieu de chercher une synthèse du dessin et de la couleur de la nature, tant dans son ensemble que dans chaque objet. Cette
sélection ne s'apprend guère et ne peut se condenser en formules, car
elle varie avec le tempérament de chaque artiste. Celui-ci est particulièrement sensible aux tons et cherche des harmonies bien marquées ;
celui-là s'inquiète plus spécialement des grands effets ; tel autre pour-
suit la ligne. L'art, qui englobe tout, s'accommode à merveille de ces
diverses interprétations, à condition que le peintre saura les dégager
de chaque paysage qu'il aura sous les yeux, avec ce discernement
éclairé qui ne s'intéresse qu'aux côtés vraiment utiles d'un motif.

Savoir regarder et comprendre la nature est la maîtresse faculté
d'un paysagiste. S'il la possède, innée ou acquise, il ira tout droit à
l'aspect vers lequel l'entraînent ses affinités, et il le gravera dans sa
mémoire assez vigoureusement pour ne plus l'oublier. Loin de son
modèle, il évoquera la grave impression produite sur lui par l'effet
qu'il aura choisi, tandis qu'en s'acharnant à en poursuivre l'exécution
sur place, il serait entraîné par les modifications si rapides et si profondes que lui apporte la révolution des heures à des hésitations dans
l'éclairage, à des contre-sens dans les tons, et finalement à un tableau
faux. Il pourra, bien entendu, comme nous le verrons, s'aider par
des repères, croquis, ébauches ou notations, qui donneront un appui
à ses souvenirs et lui permettront de concentrer ses efforts vers l'unité
que chaque exécutant doit aspirer à maintenir dans ses œuvres, mais plus
maître de lui, moins sollicité par une variété d'aspects tous également
intéressants et qui coûtent à abandonner, il dédaignera les détails
oiseux et par d'intelligents sacrifices ne se préoccupera que de
l'ensemble.

Nous étudierons successivement les divers moyens que le peintre a à sa disposition pour reproduire le plus sincèrement possible ce qu'il a vu. Je ne veux dans cette introduction qu'affirmer l'utilité et les avantages du paysage dans l'atelier. Mais je tiens à ajouter qu'il ne s'agit dans ma pensée que de paysages inspirés directement par une contemplation sérieuse de la nature, et non de compositions de convention, comme il s'en élabore de trop nombreuses en chambre. Ces produits de la routine et de l'habileté, je les proscris comme indignes de l'art élevé qui doit être le guide et le stimulant de toute vie d'artiste. Je puis admettre à la rigueur qu'on ne prenne devant la nature, à l'exemple de maîtres illustres, que quelques notes brèves, mais c'est à la condition qu'on l'aura regardée longuement, passionnément, et qu'on sera doué d'une force d'assimilation assez puissante pour la fixer dans sa mémoire et l'y retrouver au moment voulu.

Mon travail, je tiens à l'ajouter en terminant ce préambule, est le complément de celui que j'ai publié ici même sur le *Paysage d'après nature*. Je l'écris dans le même ordre de préoccupations, non pour les artistes, qui n'ont que faire de mes idées et auxquels j'en ai tant à demander, mais pour les débutants et surtout pour la jeunesse, dont l'éducation artistique est si sommaire. Ce ne sont pas des artistes de profession qu'il s'agit ici de former : j'estime qu'il y en aura toujours assez et que chercher à en développer le nombre serait exposer aux plus graves dangers ceux qui n'ont pas en eux-mêmes l'étoffe suffisante pour aborder avec chances de succès une carrière grosse d'aléas. Mais je considère l'exercice de la peinture comme un délassement si précieux, à le supposer même un accessoire dans les occupations de la vie, qu'on ne saurait trop, dans ma conviction, chercher à le propager. Nous n'avons pas, il s'en faut trop encore, à craindre l'excès. Notre jeunesse est tenue tellement en dehors des notions et des pratiques artistiques les plus élémentaires qu'il s'écoulera un long temps avant que la routine universitaire ne les comprenne dans les matières régulières de l'enseignement, et que le goût ne s'en perpétue par atavisme chez les générations à venir. Il s'établit toutefois, il faut le constater, un courant d'opinion en faveur de l'admission des études artistiques sérieuses dans les programmes d'éducation, mais on peut se demander où on les casera au milieu de l'encombrement des branches dont les élèves sont déjà bourrés jusqu'à la pléthore. On leur fera leur place, je veux l'espérer, une place digne d'elles, et nos grands artistes seront appelés à les concentrer en un corps de doctrine. D'ici là, le devoir de tous les serviteurs de l'art est d'aider au mouvement. Développons chez les jeunes gens l'amour du beau, affinons leur vision, apprenons-leur à aimer la nature et à trouver dans les instants qu'ils pourront consacrer à la peindre une source d'émotions préférable pour eux aux distractions les plus enviables. Ils deviendront des hommes et transmettront dans leurs foyers leur prédilection pour les belles choses; pour les bons tableaux, pour une sélection d'idées et d'objets qui nous sortira, nous, notre manière d'être, de voir et de sentir, nos habitations, nos ameublements, de la banalité utilitaire dans laquelle nous nous enlisons.

Ce milieu cultivé sera plus que tout autre favorable à l'éclosion et à l'épanouissement des talents.

Et voici que flotte devant moi la vision souvent caressée d'un peuple vraiment artiste. Tenez, comme celui qui vit là-bas, de l'autre côté de notre hémisphère, aux confins du monde oriental, dans un groupe d'îles couronnées de volcans neigeux. C'est le Japon que je veux dire. J'ouvre une géographie classique, où je vois que le japonais est intelligent, actif, sérieux, apte aux sciences, ami de l'agriculture, lettré, probe, respectueux de tous les droits et de toutes les lois, d'humeur gaie, brave, hospitalier et généreux. Chez lui, les beaux-arts sont entourés d'estime et d'honneurs particuliers. Il court d'un bout à l'autre de ces îles rieuses comme une hantise de lignes élégantes et de couleurs délicates. L'enfant un pied hors du berceau, le vieillard un pied dans la tombe, dessinent, peignent et sculptent. Tous les objets, les sacrés et les familiers, jusqu'aux plus humbles ustensiles, sont marqués au coin de la plus exquise originalité ; les métaux, depuis le plus vulgaire jusqu'au plus rare, le bois, l'ivoire, la résine s'y transforment en fantaisies précieuses ; le papier et les étoffes s'y égaient des plus séduisantes arabesques. Il semble qu'un éternel sourire anime les physionomies de ces artistes inconscients et qu'ils ont dans les yeux la lumière et la couleur que leurs pinceaux subtils font chatoyer sur des ailes d'oiseaux ou des pétales de fleurs.

Heureux peuple, heureux artistes ! Que nous manque-t-il pour les égaler, nous à qui la nature a prodigué tous ses dons ? Peu de chose. Non de le pouvoir, mais de le vouloir.

I.

D'abord, organisons-nous.

Par le mot atelier, que j'ai adopté parce qu'il comporte une opposition plus nette avec l'idée du paysage peint d'après nature, je n'entends pas absolument la pièce spéciale, vaste et éclairée par de larges baies, que les artistes consacrent généralement à leurs travaux. Un atelier proprement dit est certainement désirable, parce qu'il offre dans la pratique des ressources précieuses de lumière et d'espace, mais il est souvent incompatible avec nos appartements modernes. D'autre part, les débutants ou les peintres amateurs peuvent à la rigueur s'en passer. L'idéal est une grande salle, haute d'étage, percée de deux larges ouvertures dans la même orientation, l'une verticale, l'autre ménagée obliquement dans le plafond, située par conséquent sous la toiture, avec un jeu de rideaux foncés permettant d'augmenter ou de réduire le jour suivant l'état de la lumière extérieure. A son défaut, il faut choisir la chambre la mieux appropriée au travail de la peinture, c'est à dire celle qui par sa disposition reçoit le jour le plus clair et où l'on a les plus grandes facilités de recul. Il est rare qu'on ne puisse trouver chez-soi un emplacement auquel quelques aménagements donneront les principales conditions d'un bon atelier. Je n'ai pas à parler ici de luxe intérieur ou de confortable plus ou moins raffiné ; chacun fera à cet égard ce que son goût lui dictera ou ce que ses moyens lui permettront. L'essentiel est d'avoir un bon éclairage et c'est sur ce point seul que je dois faire porter mes recommandations.

Les prises de jour du nord, ou mieux du nord-est, le nord franc étant par trop rigoureux au point de vue de la température, considération qui n'est pas à dédaigner, sont les meilleures. Je me rappelle avoir lu dans un livre d'art des Goncourt, au milieu d'observations absolument justes sur la peinture moderne, une critique violente de cet éclairage, qu'ils répudient comme cru et glacé, tandis qu'à leur sens la lumière chaude du midi ou de l'ouest est de beaucoup préférable. Il est incontestable que cette atmosphère brillante est très séduisante et qu'elle favorise la poursuite des tons colorés, mais à l'user elle présente des inconvénients qui la rendent à peu près inacceptable. On pourrait l'admettre si le soleil décrivait toujours sa course dans un azur limpide : en le tamisant par des tentures on arriverait à obtenir un jour à peu près régulier ; mais il ne faut pas oublier que notre ciel est, les cinq sixièmes du temps, chargé de nuages qui modifient perpétuellement, et souvent d'une manière profonde, l'éclairage qui tombe de la voûte. Quand les nuages laissent passer les rayons solaires, la pièce s'embrase et la toile en train, en est comme illuminée ; viennent-ils à les obscurcir, tout devient sombre et triste, et les tons dont on se servait tout à l'heure paraissent boueux. Il n'y a pas de système de rideaux, à supposer qu'on ait la patience de les mouvoir à chaque transformation de l'état du ciel, qui puisse remédier aux changements produits par cette extrême mobilité des éléments lumineux. Ce passage permanent du doré au gris, d'abord agaçant, irrite et finit par décourager les meilleures volontés. Avec le jour du nord-est, le soleil ne frappant jamais, sauf au début des longs jours d'été, les ouvertures par où s'éclaire l'atelier, ces variations, sans être complètement évitées, sont bien apaisées et ne mettent pas obstacle à la régularité d'un travail continu.

Donc, de préférence jour du nord ou de l'est, pièce vaste et baies verticales et obliques aussi développées qu'on le pourra. Si l'on n'a qu'une fenêtre verticale ordinaire, ce qui est le cas le plus fréquent, il faudra avoir soin d'en boucher le bas, jusqu'à la hauteur d'un mètre 5o centimètres environ à partir du sol, par un rideau mobile en serge vert-foncé, attaché horizontalement à deux crochets, afin de remonter au profit de son tableau la projection de la lumière, qui sans cette précaution tomberait en pure perte sur le plancher. Le meilleur éclairage est celui qui se rapproche le plus de celui du plein air, c'est-à-dire celui qui vient d'en haut.

Le revêtement des murailles des ateliers varie beaucoup. Certains peintres les laissent blanches, tandis que d'autres les recouvrent de peinture ou de papiers de couleur, plus généralement dans les rouges rompus. Il a été longtemps de mode de ne rien accrocher aux murs, sous prétexte d'égaliser la répartition de la lumière et de l'aviver par des réfléxions multiples. J'avoue ne pas comprendre les parois d'un atelier de paysagiste toutes nues ; je les veux au contraire toutes garnies d'études, qui égaient les yeux et fournissent à l'artiste, même sans qu'il le veuille, des renseignements et des stimulants. Quelques cadres dorés disséminés ne feront pas mal. Avec une garniture de ce genre, le ton des murs importe moins. Mais pour éviter la froideur du blanc je conseille une peinture ou un papier rouge pompéien. Le plancher ou le parquet devra être ciré ou passé à l'encaustique, pour prévenir une absorption inutile de lumière. Des tapis foncés vaudront mieux encore.

Un cabinet sans feu, attenant à l'atelier, est excellent pour serrer un approvisionnement de toiles, une série de tubes de couleurs, qui gagnent à être laissés au frais, quelques cartons de dessins ou d'estampes, au besoin un bout de bibliothèque, et nombre d'objets qui encombreraient la pièce où l'on travaille. Si on n'a pas à sa disposition une pièce de ce genre, il faudra la remplacer par des armoires, des rayonnages ou des placards.

Passons au mobilier. Borné à l'indispensable, il comporte une boîte à couleurs garnie, deux chevalets, une sellette ou chaise haute, un assortiment raisonnable de couleurs, de toiles, de panneaux, de cartons, de brosses, de pinceaux, de vieux linges, et quelques flacons d'essence de térébenthine, d'huile et de vernis.

Dans mon étude sur le paysage d'après nature, parue ici même, j'ai parlé longuement de la plupart des éléments de ce matériel, et je n'insisterai que sur ceux qui se rapportent plus spécialement à la peinture dans l'atelier. J'y ajouterai quelques réflexions nouvelles sur divers points de technique.

La boîte à couleurs utilisée pour les travaux d'après nature peut naturellement servir à peindre chez soi. Si on veut la réserver aux études faites dehors, ce qui, je crois, est un bon parti à adopter, on en prendra une seconde que les fabricants établissent spécialement pour l'atelier au prix de 10 à 12 francs. Ils construisent aussi un meuble à un ou plusieurs tiroirs, dont la partie supérieure forme une véritable boîte de grande dimension, et qui est fort commode, parce qu'il permet de réunir à portée de la main toutes sortes d'objets utiles. Son seul défaut est de coûter un peu cher, surtout si on le prend avec ornementations, sculptures et colonnes cannelées : ainsi décoré, avec rallonge sur le côté, il se vend de 150 à 250 francs ; plus simple, son prix varie de 60 à 130 francs, suivant qu'il est en noyer ou en chêne.

Sur les deux chevalets que j'ai indiqués, l'un doit être léger et portatif, pour les travaux courants ; l'autre, destiné à recevoir les tableaux de plus grande taille et les cadres dans lesquels il est bon de les terminer, sera au contraire très solide. Un chevalet volant, que j'engage à prendre toujours à crémaillère et non à chevilles, peut être en bois blanc, en hêtre, en noyer ou en acajou. Ces modèles sont très différents de prix, puisqu'ils coûtent de 5 à 5o francs. Le type en bois blanc, de grande dimension, valant une dizaine de francs, n'a rien qui me déplaise. Evidemment les bois durs, cirés ou vernis, sont d'aspect plus confortable, tout en remplissant le même but. Quant au chevalet plus sérieux, l'industrie en livre aussi de bien des modèles et de valeur très différente. Comme on aura beaucoup de services à lui demander, il faudra le prendre robuste et muni de toutes les facilités de maniement désirables, manivelle, vis en fer et sabot. Un bon modèle courant vaut 8o francs, en chêne ciré, et le double avec double vis en fer à double face et pupitre. Je ne puis sous ce rapport que répéter ce que je disais dernièrement : c'est à chaque peintre à consulter ses goûts et sa bourse pour s'équiper avec plus ou moins de luxe. On peut faire des chefs-d'œuvre sur un humble chevalet en sapin ou contre le dossier d'une chaise de paille. Mais il ne faut pas pousser à l'extrême la simplification de son matériel, qui pourrait conduire à des embarras de nature à détourner l'esprit de l'application nécessaire à un travail régulier.

On fera bien de laisser son chevalet de campagne ouvert dans l'atelier : il servira à peindre de petits tableaux, à faire des recherches de tons, ou à placer les études qu'on aura à consulter pour des œuvres importantes. J'en dis autant de la boîte à pieds mobiles dont j'ai signalé l'utilité d'après nature, si on en possède une. Plus on aura autour de soi de supports aptes à recevoir des études en train, plus on sera stimulé à employer laborieusement son temps. Une boîte à couleurs ordinaire, ouverte sur une chaise ou sur une sellette, peut constituer elle-même un chevalet très sortable. Elle permet, lorsqu'on peint, d'éviter de porter sa palette, qu'on laisse à sa place en prenant la seule précaution de l'avancer un peu : on n'a ainsi que ses brosses et ses pinceaux à tenir de la main gauche. Cette manière de peindre est fort agréable et très reposante : après l'avoir un peu pratiquée, on n'a plus aucun désir de reprendre sa palette au poing, suivant la méthode classique. Elle offre en même temps la facilité de voir de plus haut ses couleurs et d'en mieux surveiller les mélanges. Dans les commencements on est un peu embarrassé de rompre ainsi en visière avec la tradition, mais on s'accoutume vite à un procédé dont on ne tarde pas à constater les petits avantages.

J'ai indiqué une sellette ou une chaise haute parce qu'on y est mieux, à mon sens, pour dominer son travail, mais j'admets parfaitement un siège de hauteur ordinaire ou même très bas. Sur ce point comme sur beaucoup d'autres, on n'a à tenir compte que de ses convenances. Les sièges en bois courbé, cannés, sont d'un bon usage. Si l'on est assis un peu haut, ne pas manquer de se munir d'un tabouret ou d'un coussin, car rien n'est fatigant comme de ne pas avoir les pieds parfaitement posés à plat.

Depuis la publication de mon petit traité de paysage d'après nature, de nouvelles recherches sur les couleurs ont été faites. M. Recouvreur, dont j'ai signalé les travaux dans le *Paysage d'après nature*, vient de publier la *Grammaire du peintre* que j'annonçais, et ses excellents conseils, joints aux précieux avis qu'il veut bien me donner toutes les fois que j'ai recours à sa haute compétence, m'ont amené à apporter quelques modifications à la liste de couleurs que j'avais préconisée. Le but à atteindre est plus que jamais d'obtenir une peinture durable, à l'abri des altérations que les émanations extérieures et les réactions intimes lui font subir. Il n'est pas pour l'artiste de problème plus grave, puisque de sa solution dépend la destruction ou la conservation de ses œuvres. Il peut paraître que des investigations de cette nature sont peu compatibles avec l'art pur, mais qui mieux que le peintre est à même de les mener à bien, et qui plus que lui est intéressé à les poursuivre ? Nos maîtres d'autrefois ne présidaient-ils pas au broyage de leurs couleurs ? Il est non pas désirable, mais indispensable que tous les exécutants soient préoccupés de cette question vitale pour eux, et qu'au lieu de prendre n'importe quel tube chez n'importe quel fabricant, ils apportent dans la composition de leur palette la plus extrême prudence et suivent de tout près les résultats des couleurs qu'ils auront adoptées. Je me trouvais récemment dans l'atelier d'un peintre essentiellement chercheur, qui applique avec l'énergie d'une indomptable volonté une formule d'exécution toute nouvelle, et j'étais frappé devant un de ses tableaux de la décomposition flagrante de certain ton, qui de brillant qu'il était au début formait des taches noirâtres. Pourquoi, lui demandai-je, l'avez-vous employé ? Tout simplement, me répondit-il, parce que je l'ai trouvé chez mon fournisseur et que sortant du tube il répondait parfaitement à celui qu'il me fallait. Cette confiance, nous l'avons eue tous, mais qu'elle est mal placée en ce temps de sophistications où tant d'industriels ne s'inquiètent que de l'apparence de leur marchandise ! Je ne puis demander à un artiste d'être un chimiste, ce qui toutefois ne lui nuirait pas, mais je le prie instamment de soumettre à un contrôle vigilant et assidu tous les produits dont il se sert, de les surveiller, de s'assurer de ce qu'ils deviennent soit isolément, soit en mélanges, surtout en mélanges, et de proscrire sans merci tous ceux qui ne lui offriraient pas des garanties certaines de stabilité.

Ce contrôle peut se faire très simplement, avec quelques bouts de toile ou de panneaux accrochés dans un coin de l'atelier, sur lesquels on étendra en petits rectangles de 2 centimètres sur 3, par exemple, les tons simples ou composés qu'on voudra tenir en observation. De temps en temps on en recommencera l'application à l'état frais sur des rectangles voisins, et on constatera ainsi l'influence que l'air ou l'action chimique des combinaisons aura pu produire. Il faudra seulement avoir grand soin d'inscrire sous chaque ton la date des essais, et, s'il s'agit de mélanges, la proportion exacte de chaque couleur dont ils seront formés. Un bon complément de ces expériences sera de vernir la moitié des parallélogrammes, après un mois de dessiccation, afin de voir si le vernis les modifie plus ou moins. Il y a évidemment des méthodes d'examen plus complètes, mais celle-ci pourra d'autant mieux suffire que les essais rigoureux de plusieurs chimistes nous permettent d'entrer en campagne avec une palette à peu près fixe.

Le lecteur qui a bien voulu s'intéresser à la première partie de mon travail se rappellera que j'ai indiqué une liste de quinze couleurs, nombre qui m'a paru dangereux à dépasser. Je le crois toujours très suffisant, et même trop considérable dans la plupart des cas, mais je le maintiens parce qu'il permettra de varier de temps en temps l'emploi de couleurs de familles analogues : j'en conseillerai même quelques autres pour les doubler à l'occasion, persuadé, comme je me propose de le démontrer quand nous arriverons à la pratique de la peinture dans l'atelier, que cette facilité de substitution est extrêmement favorable aux recherches incessantes sans lesquelles la peinture risque de devenir un métier. Toutes ces couleurs, bien entendu, devront offrir toutes les garanties possibles de solidité, de manière à ne donner lieu à aucun mécompte ; j'entends de mécompte sérieux, car il faut toujours s'attendre à certaines altérations provenant des émanations extérieures, des réactions, de l'huile, des vernis, et aussi des conditions quelquefois si fâcheuses dans lesquelles une œuvre d'art est placée dans ses pérégrinations à travers le monde. De ces légères modifications aux décompositions profondes qui ont anéanti les trois quarts des tableaux, surtout ceux de ce siècle, il y a une telle distance que ces petits changements peuvent être considérés comme insignifiants.

La *Grammaire du peintre* de M. Recouvreur, si remplie de bons conseils et de sages recommandations que chaque peintre doit l'avoir à côté de soi comme un guide indispensable, nous permet de choisir à coup sûr nos quinze couleurs et leurs analogues.

Comme familles, elles doivent comprendre, pour se prêter à toutes les exigences de la peinture, un blanc, quatre jaunes, deux rouges, un violet, un brun, un noir, deux bleus et trois verts.

Les principes qui ont guidé M. Recouvreur dans son choix sont ceux-ci : l'huile, qui est jusqu'à nouvel ordre le meilleur véhicule des poudres colorées, étant une substance éminemment oxydable, il faut prendre ses couleurs dans la classe des oxydes, autant au moins qu'on le peut, car toutes ne sont pas dans ce cas ; pour les autres, il faut chercher dans les produits de l'industrie ceux qui par leur composition chimique offrent les meilleures conditions de stabilité. Je dois me borner ici à émettre ces considérations, dont l'examen approfondi, outre qu'il ne serait que la répétition de l'excellent ouvrage auquel je les emprunte, me ferait sortir de mon cadre. Elles m'ont amené à maintenir douze des couleurs que j'ai conseillées dans le *Paysage d'après nature*. Ce sont : le cadmium foncé, l'ocre jaune, la garance pourpre foncée, le rouge de mars, le violet de mars, le brun de mars, le noir d'ivoire, le bleu d'outremer foncé, le bleu de cobalt, le vert de chrome, le vert de cobalt et le vert émeraude. Les changements que l'expérience et les conseils de M. Recouvreur m'ont amené à apporter à la palette que j'avais décrite portent sur les trois autres, le blanc d'argent, la terre de Sienne naturelle et le jaune d'antimoine.

Le blanc d'argent étant presque toujours formé par la céruse, substance fugace qui sous l'influence de certaines émanations impossibles à éviter prend une teinte rousse qui peut aller jusqu'au brun et même au noir, il faut en proscrire l'emploi si l'on n'est pas absolument sûr de sa provenance. Le blanc de zinc n'offre pas les mêmes dangers : il est d'une fixité absolue, les gaz méphitiques ne peuvent en détruire la pureté, et il n'altère nullement les autres couleurs. Ses défauts étaient de couvrir mal et de devenir cassant, surtout en seconde couche, mais préparé avec conscience, et sans l'addition du blanc de plomb et du plâtre trop souvent ajoutés au produit commercial, son emploi est devenu facile et sûr.

J'abandonne la Sienne naturelle parce qu'elle m'a paru la cause d'altérations graves dans les tons qui en contenaient : ils sont devenus opaques et ont beaucoup noirci. En remplacement, j'ai adopté le cadmium moyen, dont la *Grammaire du peintre* signale la fixité absolue.

Enfin, j'ai substitué au jaune d'antimoine le cadmium clair. Employé à l'état isolé, m'écrivait il y a quelques mois M. Recouvreur, le jaune d'antimoine, composé d'antimoniate de plomb, de chlorure de plomb et de bismuth, est très solide, mais il peut, dans les mélanges, donner toutes sortes de surprises désagréables. De plus, en tant que plomb et antimoine, cette couleur est extrêmement sulfurable. (Le sulfure de plomb est noir et le sulfure d'antimoine brun rouge). Avec le cadmium clair, aucun déboire à redouter. J'ajouterai que M. Recouvreur a bien voulu préparer pour moi et m'envoyer récemment un jaune d'outremer (chromate de baryte), dont le ton délicat a les plus grandes ressemblances avec le jaune d'antimoine et aussi avec le jaune de Naples, couleur exécrable contre laquelle je ne saurais trop mettre les peintres en garde. Le jaune d'outremer au contraire est, de par sa composition chimique, d'une solidité à toute épreuve, et nous apportera, lorsque de bons fabricants de couleurs l'auront adopté, un utile complément à notre famille de jaunes tendres.

Voilà nos quinze couleurs arrêtées. Chacun les placera sur sa palette comme il l'entendra. Je conseille toutefois la disposition suivante, en partant du bord extérieur :

Cadmium foncé	
Cadmium moyen.	Bleu d'outremer foncé.
Ocre jaune.	Bleu de cobalt.
Cadmium clair.	
Blanc de zinc.	
Garance pourpre foncée.	Vert de chrome.
Rouge de mars.	Vert de cobalt.
Violet de mars.	Vert émeraude.
Brun de mars.	
Noir d'ivoire.	

Pour terminer cette question des couleurs, voici celles de même nuance dont l'emploi est sûr et qui pourront être utilisées de temps en temps, quand on voudra varier sa palette.

L'ocre jaune pourra être remplacé par le jaune d'or ou le jaune de Mars ; le cadmium clair, par le jaune d'outremer ; la garance pourpre foncée, si on la trouve trop intense, par une garance rose ; le rouge de Mars, par le rouge de Venise, le rouge indien ou l'ocre rouge ; le violet de Mars, par le violet de cobalt ; le brun de Mars, par l'ocre brune, le brun de fer, la terre de Sienne brûlée ou la terre d'Italie brûlée.

Il y a évidemment des dissemblances dans les tons de ces couleurs de même aspect, mais l'utilisation n'en sera que plus intéressante, puisqu'elle nécessitera à chaque fois de nouveaux efforts. On peut s'en passer, je tiens à le répéter : c'est surtout aux chercheurs que je les signale, comme un bon stimulant.

Cette étude des couleurs m'amène à parler de la palette. De par les usages de plusieurs siècles, la palette à l'huile s'établit dans le monde entier en bois léger et nerveux, généralement en noyer, qui, lorsqu'il a reçu une couche d'huile, pour que les pores en soient moins absorbants, prend une teinte foncée très marquée. Tous les portraits des peintres nous les représentent le pouce engagé dans une palette d'un brun superbe, en guise d'armes parlantes.

Si chaud, si profond, si artistique qu'il soit, ce ton a t-il pour lui la logique ? N'avez-vous pas été frappés comme moi, vous tous qui êtes en quête d'harmonies vibrantes, de l'anomalie qu'il y a à préparer sur une surface d'un rouge noirâtre, où tous les clairs détonnent brutalement par contraste, des tons qui paraissent boueux et sombres dès qu'on les applique sur la blancheur des toiles ou des panneaux ? Cette hostilité des deux surfaces nécessite un travail permanent de transposition, dont on n'est jamais certain de se tirer avec avantage, parce qu'il varie avec chaque couleur et chaque mélange. Bizarre fantaisie de la tradition. A l'aquarelle, nous préparons nos tons sur du papier ou des palettes en terre ou en carton d'un blanc immaculé ; à l'huile, nous procédons par un système absolument opposé. Uniquement parce que la coutume l'a décrété ainsi, parce que les fabricants de palettes aiment mieux continuer routinièrement leur métier que de s'ingénier à chercher du nouveau, et aussi, nous devons en faire l'aveu, parce que les neuf-dixièmes des peintres adoptent aveuglément le matériel qu'ils trouvent tout mâché chez leurs fournisseurs.

Ces motifs ne me paraissant pas valables, j'ai songé depuis longtemps à une palette claire. Mais en quelle substance la composer ? Là était la difficulté. En porcelaine ou en faïence, elle serait trop lourde et trop fragile ; formée du carton verni de certaines palettes d'aquarellistes, elle ne résisterait pas aux frottements du couteau ou aux appropriations à l'essence ; le revêtement d'une palette ordinaire en toile à peindre ou en gutta-percha nécessiterait des renouvellements trop fréquents. Il me fallait une solution plus catégorique. M. Recouvreur et moi l'avons cherchée dans la matière laquée avec laquelle la maison Adt, de Pont-à-Mousson, établit des milliers d'objets courants, boîtes, écrans, plateaux, etc., qui, malgré la pluie et le soleil, restent parfaitement solides et ne se déjettent jamais. Il y a quelque temps cette importante maison m'a livré une palette blanche, de la dimension d'une boîte de 5, que j'ai immédiatement soumise à de nombreux essais dont le résultat m'a paru très encourageant. Les couleurs s'y étalent on ne peut mieux, les mélanges s'y font avec toute la facilité désirable, le couteau à palette n'y laisse aucune trace, et les lavages avec les linges enduits d'essence y sont complets sans que le poli du vernis en souffre la moindre atteinte. Le seul inconvénient que je lui trouve, non pour moi, qui ai perdu l'habitude de porter ma palette, ainsi que je le disais tout à l'heure, mais pour les peintres qui tiendraient à conserver cette coutume, est qu'elle est trop lourde. Mais cela tient à sa trop forte épaisseur. Rien ne me semble plus facile que de la réduire de moitié, sans lui enlever sa solidité et sa rigidité. M'étant fait une loi rigoureuse de nettoyer ma palette après chaque séance, en n'y laissant même que le moins possible de couleurs pures inemployées, que je préfère reporter sous un peu d'eau dans le fond d'une soucoupe, je n'ai pu me rendre compte de l'adhérence plus ou moins marquée des tons séchés sur cette laque. Il ne serait pas impossible qu'il y eût quelque difficulté à les enlever sans altérer l'épiderme du vernis, mais avec l'habitude, sur les avantages de laquelle je ne saurais trop appuyer, d'un nettoyage de palette quotidien, on n'aura pas d'inconvénient de cette nature à craindre.

La solution du problème d'une palette claire a donc fait un pas. De son côté, comme il l'annonçait ici même dans son article du 4 janvier, M. Recouvreur a songé à des palettes en celluloïde blanc et en tôle émaillée. Les artistes pourront certainement un jour ou l'autre choisir entre ces diverses préparations, sans préjudice de celles qui auront chance d'être trouvées si l'industrie s'occupe sérieusement de les chercher. Il y aurait peut-être lieu d'utiliser certains bois très blancs employés dans la marqueterie ou l'ébénisterie.

J'ai peu de chose à ajouter à ce que j'ai dit dans le *Paysage d'après nature* des toiles, panneaux et cartons à peindre. La *Grammaire du peintre* donne sur le choix et la préparation de ces supports des conseils excellents que j'engage chaque artiste à suivre, en attendant que les fabricants les appliquent.

Le travail à l'atelier autorisant des toiles de plus grande taille que celles des études à la campagne, je crois devoir compléter la classification adoptée par les marchands, depuis la dimension dite de 40 à laquelle je me suis arrêté, jusqu'à celle de 120 :

DIMENSIONS EN CENTIMÈTRES

Nᵒˢ des toiles	Portrait	Paysage	Marine
40	100 sur 81	— sur 73	— sur 65
50	116 — 89	— — 81	— — 73
60	130 — 97	— — 89	— — 81
80	146 — 114	— — 97	— — 89
100	162 — 130	— — 114	— — 97
120	195 — 130	— — 130	— — 114

En ce qui concerne les panneaux d'acajou, on se trouvera bien de ceux de Roberson, de fabrication anglaise, pour des travaux très poussés. Ils coûtent le double des panneaux épais français, mais ils sont beaucoup plus résistants et moins sujets à se voiler.

Avec la palette dont je parlais tout à l'heure, la maison Adt m'a fourni des panneaux à peindre en matière analogue. Je les crois très bons : enduits de la même substance sur les deux faces, il est présumable qu'ils ne seront pas exposés à se déjeter. Cette industrie naissante peut avoir un grand avenir.

J'indiquerai encore, pour des notes de souvenir dans l'atelier, pour des essais, des esquisses d'ensemble ou des recherches d'harmonies, de simples cartons d'emballage aussi blancs que possible, sans préparation d'aucune sorte. Il faudra avoir soin de mélanger beaucoup d'essence à ses couleurs. Les premières couches seront happées par les pores du papier, mais cette absorption cessera dès la seconde application. Il sera utile d'avoir quelques feuilles de carton à portée de la main, toutes prêtes à recevoir les impressions fraîches qui s'émoussent vite quand on ne prend pas la précaution de les noter. 3

Rien à changer aux brosses et aux pinceaux de la peinture d'après nature, sauf qu'on fera bien d'en avoir une plus ample provision et d'en prendre un certain nombre de plus fortes dimensions que le n° 12, pour les cas où l'on voudrait peindre de grands paysages.

Il nous faudra aussi beaucoup de vieux linges, dont on n'a jamais trop.

Si l'on tient à se servir d'huile pour les mélanges, ce que je déconseille formellement, à moins qu'on n'ait à lubrifier des couleurs trop sèches, ne prendre que de l'huile décolorée à l'air, suivant la méthode indiquée par M. Recouvreur dans sa *Grammaire*. L'essence employée en mélange devra être rectifiée : pour approprier la palette, la qualité ordinaire est suffisante.

C'est tout, il me semble. J'oubliais cependant un appuie-main, le plus léger et le plus simple possible. Ce petit accessoire, inutile d'après nature, pourra nous rendre quelques services à l'atelier pour des touches qui exigent une grande précision.

Quelques plâtres, représentant des animaux, ne feront pas mauvais effet sur un rayonnage et pourront être quelquefois consultés avec fruit. Mon intention était de joindre à ces indications celle d'une bibliothèque artistique, mais dans la crainte qu'elle ne me menât un peu loin et ne parût un hors-d'œuvre dans cet exposé rapide, je me suis décidé à en faire l'objet d'une étude à part.

A l'ouvrage maintenant.

II.

Cette fois nous n'avons plus à nous soucier des heures qui fuient, du soleil qui monte et décline si rapidement, du vent, de l'humidité ou du froid. Dans notre atelier bien clos, garanti des frimas par un bon feu, nous ne nous inquiéterons que de notre travail.

Mais de ce que nous avons du temps devant nous, il ne s'en suit pas que nous devions le gaspiller : plus nous irons vite, plus nous aurons chance de réussir et de reporter sur notre peinture l'émotion que la nature a suscitée en nous. Il nous faudra adopter une méthode rationnelle et logique. Cette sage réglementation de nos forces n'aura rien d'incompatible avec la fièvre de l'inspiration ou avec la fougue de l'audace. Sans attacher à la touche plus d'importance qu'elle n'en comporte, il faudra savoir la modérer, de façon à ne pas donner à nos tableaux l'aspect hérissé d'ébauches brutales. C'est la logique qui a présidé au choix de nos couleurs et des tons que nous en obtiendrons : c'est elle aussi qui devra être notre guide pour leur application. Au fond, il n'y a entre les travaux à l'atelier et ceux du dehors d'autre différence que plus de prudence dans la manière de peindre, pour éviter d'inutiles superpositions de couleurs ou des fantaisies de brosse qu'on aurait la peine de corriger plus tard. Si l'on n'a pas chez soi l'excitation que donne le spectacle de la nature, on arrivera au même résultat, et souvent de la façon la plus heureuse, par un raisonnement plus mûri. Les chefs de notre grande école française de paysage, Th. Rousseau, Corot, Daubigny, Diaz, Decamps, Paul Huet, ne procédaient guère autrement : amoureux de la nature, ils vivaient en communauté avec elle tant que duraient les beaux jours, puis ils rapportaient à l'atelier, pour les utiliser à loisir, leur moisson d'études et de renseignements. En remontant plus haut, Claude Lorrain, Poussin, Ruysdaël et tous les illustres peintres des siècles écoulés ont également peint leurs chefs-d'œuvre chez eux.

En dehors de leur génie, de ce don divin qui peut à peine se définir et qui à plus forte raison ne s'acquiert pas, à quelle faculté plus humaine et plus accessible nos maîtres ont-ils demandé une aide puissante ? A la mémoire : non pas à celle qu'on développe dans les collèges à coups de pensums, et qui a pour suprême consécration le récit d'arrache-pied de quelque chant d'Homère ou de Virgile, auquel on n'entend goutte, mais à celle qui grave dans un lobe du cerveau les formes, les tons, les valeurs, l'effet d'un site et l'harmonie qui s'en dégage. Celle-là, on n'y songe guère encore dans les centres les plus autorisés d'enseignement artistique : il y a lieu toutefois de reconnaître qu'un certain nombre de professeurs se préoccupent de la développer chez leurs élèves. Mais je ne puis me rappeler sans amertume que le premier initiateur de ses ressources dans notre siècle a été si peu encouragé par le corps dirigeant de l'Institut, dont il troublait la quiétude, qu'il a dû renoncer à appliquer dans les écoles de Paris son excellent système d'*Education de la mémoire pittoresque*. Cet homme de bien et de sens, qui a formé plusieurs de nos meilleurs peintres modernes, s'appelle M. Lecoq de Boisbaudran. Je ne sais s'il vit encore, mais s'il s'est laissé un peu oublier dans sa retraite volontaire, son nom survivra à celui de ses détracteurs et sa méthode finira par être reprise et appliquée. Je regrette que l'étroitesse de mon cadre ne me permette pas d'en donner un aperçu ; on le trouvera au complet dans un volume publié en 1877, sous le titre d'*Enseignement artistique*, que je signale en passant comme un des livres de fonds de toute bibliothèque annexée à un atelier.

Chaque coup de brosse ou de pinceau, chaque mélange exigera un effort d'esprit plus ou moins soutenu, car loin de notre modèle nous n'aurons pour nous diriger que des renseignements fort insuffisants, en les supposant même très nombreux. C'est donc à stimuler notre mémoire artistique que nous ferons bien de consacrer nos efforts, non par rencontre et de temps en temps, mais d'une manière suivie. Il en est de la mémoire comme de toutes les facultés : plus elle sera éveillée, entretenue, excitée, plus elle acquerra de vivacité et nous rendra de précieux secours. Très apte dans la jeunesse à un entraînement régulier, elle perd naturellement de sa sensibilité avec les années. N'attendons pas qu'elle soit plus rebelle pour la porter à un degré d'affinement sur lequel l'âge n'aura que trop de prise.

Pour arriver à inscrire d'une manière durable dans notre souvenir les éléments principaux de nos tableaux, complétés, bien entendu, par des études et des notes prises sur place, des exercices réguliers, allant progressivement des plus simples aux plus complexes, nous serviront mieux que les tensions les plus violentes de notre volonté, si elles restent isolées. Adoptons avant tout la coutume de toujours observer autour de nous, d'être constamment aux aguets pour ne rien laisser échapper des spectacles que nous rencontrons à chaque pas dans la campagne ou dans la ville ; suivons le jeu des couleurs qui chatoient devant nos yeux, leurs relations, leur intensité, leur contraste, leur valeur et leur ton ; si nous le pouvons, et nous le pourrons presque toujours, appuyons nos observations par des croquis et quelques indications sur un carnet de poche ; puis, rentrés à la maison, reproduisons en touches larges, à l'huile, à l'aquarelle ou au pastel, les motifs qui nous ont le plus frappés, en nous concentrant sur leurs côtés absolument caractéristiques. L'aquarelle se prête on ne peut mieux à ces notations. Afin de ne pas être tentés de les renvoyer à un lendemain qui souvent n'arrive jamais, ayons toujours sur une table un cahier de papier blanc dit écolier, une boîte d'une dizaine de couleurs moites, quelques pinceaux et un verre d'eau : installés en une seconde, aucune difficulté ne se glissera entre notre désir et son exécution. Peignons franchement, avec de grands tons et de grandes valeurs. Peu à peu notre cahier se garnira de matériaux sincères, en même temps que notre mémoire, tenue en haleine, contractera une agilité et une souplesse dont nous ne l'aurions pas crue capable.

Reliées, ces pages formeront des albums pleins d'imprévu qui souvent, je l'ai constaté chez bien des paysagistes, en disent plus long et portent plus loin que les tableaux les plus soignés.

Nous continuerons notre entraînement en soulevant des haltères plus lourds, en abordant des paysages plus importants, des recherches de tons plus délicats, que nous chercherons à traduire non plus au pied levé sur un morceau de papier, mais sur une toile et plus à loisir.

Un écueil à éviter, par exemple, est de se laisser entraîner à trop se fier à sa mémoire et de se croire dispensé de recourir aussi souvent qu'il le faudrait à la seule source, je veux dire à la nature. On n'est que trop tenté, surtout quand les années et leur cortège de misères rendent prudent, de céder à la séduction du chez-soi : à ce jeu-là, on peut devenir fort habile, mais on perd les qualités de sincérité qui seules comptent pour la réputation de l'avenir. Que de peintres certainement distingués et en passe d'une brillante carrière ont abusé du travail d'atelier et sont restés en route ! Leurrés par le succès, ils ont cru que la vivacité de leurs souvenirs et quelques campagnes d'études suffiraient pour le faire durer, mais un jour le public, auquel ils n'avaient plus rien de nouveau à dire, s'est détourné d'eux. Histoire malheureusement bien commune et dont les victimes abondent. Que d'orientalistes, par exemple, ont vécu sur deux où trois déplacements dont les rabâchages ont lassé leurs premiers admirateurs ! Antée reprenait des forces en touchant la terre : il faut que le paysagiste redemande fréquemment à la nature le renouvellement de son inspiration.

Puisque j'en trouve l'occasion, je veux rompre ici une lance contre un conseil donné par un grand nombre de professeurs de paysage. Beaucoup disent ou écrivent : quand vous êtes embarrassé, quand vous voulez vous éclairer, allez voir les maîtres ; inspirez-vous de leurs œuvres ; examinez comment ils ont traité tel ou tel effet ; imitez leur composition, leur couleur, leur facture. Mais, entêtés donneurs de conseils que vous êtes, n'avez-vous jamais songé aux dangers auxquels vous exposez ceux qui vous écoutent ! Ignorez-vous où conduit cette servilité d'imitation qui constitue pour vous le dernier mot du secret de peindre ? Elle aboutit à de puérils décalques d'où sont absentes toute imagination et toute personnalité. Au lieu de former des artistes, vous n'aboutissez qu'à grossir les rangs déjà trop pressés des copistes banaux dont les productions encombrent nos expositions et les murs de nos logis. Les maîtres, que j'admire autant que vous, soyez-en sûrs, ne sont des maîtres que parce qu'ils n'ont copié personne : examinez-les, étudiez-les tant qu'il vous plaira, mais ne cherchez jamais à les imiter. Un peintre classé par l'opinion dans telle ou telle école ou comme ressemblant à tel ou tel maître ne sera jamais qu'un écho, qu'un reflet, qu'un homme de métier, jamais un novateur. Le spectacle des chefs-d'œuvre est bon ; il est encourageant, il est salutaire, mais à condition qu'on ne leur demandera que des stimulants et non des modèles. Il y a encore, dans un autre ordre d'idées, un grave inconvénient à ces essais d'imitation : c'est que les tableaux par lesquels on voudrait que vous fussiez inspiré n'ont pas été peints comme vous les voyez, que plus de quatre-vingt-dix sur cent ont tellement jauni ou noirci, ne gardant que de vagues apparences des éclats de la première heure, qu'en les imitant on tomberait dans les plus graves erreurs de couleurs. Je défie un peintre qui a copié quelque temps des paysages anciens dans nos musées de sortir jamais de ce terrible pot au noir dont la sauce, comme celle des restaurants médiocres, cache de si dangereuse cuisine. Outre qu'elle interdit toute originalité, cette funeste pratique perpétue dans le monde le goût du brun, du roussàtre, de cet aspect brumeux que la foule admire de confiance et qu'elle croit voulu, tandis qu'il n'est que le résultat d'un accident. En voyant l'armée de chevalets masculins et féminins alignés dans nos musées, on comprend la cause de la ténacité avec laquelle les traditions de peinture rance se perpétuent du haut en bas de l'échelle artistique. Sur mille élèves qui reçoivent l'enseignement officiel, dix peut-être ont le courage de se révolter contre cette servile imitation non des qualités des maîtres, mais des déprédations auxquelles le temps a soumis leurs œuvres. Mettez après cela un disciple trop docile en face de la nature : jamais il ne la verra telle qu'elle est, mais au travers de. besicles enfumées dont on a chaussé ses yeux depuis sa petite enfance.

Méfions-nous, mes amis, des conseilleurs, et ne demandons aux maîtres que de nous exhorter à procéder comme eux, c'est-à-dire de rester nous-mêmes et de ne rien interposer entre la nature et nous.

Les travaux à l'atelier comportent deux grandes divisions : ou l'on terminera chez soi des études commencées d'après nature, ou l'on peindra des tableaux de toutes pièces, d'après des esquisses, des croquis notés ou même d'après le seul souvenir.

Il semble au premier abord que la première opération est plus commode que l'autre, et qu'on a plus de chances d'arriver à un bon résultat en complétant des indications prises sur place. Il n'en va pas toujours ainsi à l'user, et j'ai connu des peintres plus embarrassés de parachever leurs études que de tirer des tons tout à neuf de leur cerveau. Je ne parlerai pas des quelques touches par lesquelles il peut être avantageux de donner la dernière toilette à un paysage entièrement peint dehors. S'il n'y reste que des coins à boucher ou quelques raccords d'ensemble à ajouter, ces travaux dépendent plus de la dextérité de l'œil et de la main que de l'art proprement dit : mais ils n'en exigent pas moins la plus extrême prudence pour bien s'incorporer dans la masse et n'avoir pas l'air de reprises. J'ai vu d'excellentes études compromises par ces quelques additions, qui y formaient de véritables détonnances sur lesquelles l'œil se portait et qui juraient dans l'harmonie générale. Elles demandent à être posées avec la même liberté que le reste de la peinture : mieux vaudrait ne pas chercher à remédier à ces petites incorrections que de s'appliquer trop lourdement à les dissimuler.

L'opération se complique, si l'on n'a pour se guider que quelques tons. La première loi à observer est de préparer sur place son travail, de manière à pouvoir le reprendre et le compléter facilement, en évitant tout ce qui pourrait nuire à une exécution rationnelle, touches brutales, cernures lourdes ou empâtements épais. On devra se contenter de masser en frottis ou en applications légères de couleurs, étendues avec le couteau, les grandes valeurs et les tons principaux de son motif, par des juxtapositions qui donneront à l'ensemble l'aspect d'une mosaïque. En opérant chez soi avec une entière liberté de brosse, mais en suivant ponctuellement les indications fournies par ces dessous, on arrivera à transformer son étude en tableau. Mais il n'y a pas à se dissimuler que ce travail est fort difficile, et qu'il nécessite un appel constant à des souvenirs qui, pour être gardés à un degré utilisable, devront être fortement incrustés dans la tête. Ici encore, une initiation progressive sera indispensable avant d'aborder de grandes pages, dans lesquelles on se noierait infailliblement sans une préparation suffisante.

Il est bien entendu, n'est-ce pas, que nous partons d'un dessin absolument rigoureux, qui ne sera la cause d'aucune hésitation dans l'application de la couleur. Je me suis tellement étendu dans le *Paysage d'après nature* sur la nécessité d'une mise en place irréprochable que je n'ose y revenir ici, quoique j'en aie bien la tentation, dans la crainte de me répéter ; et cependant je ne saurais trop insister sur cette clef de voûte de tout l'édifice de la peinture, que tant de peintres négligent ou traitent trop légèrement. A peine un jeune homme se sent-il quelques dispositions pour l'art qu'il se jette avidement sur une palette, et qu'il bariole au hasard les lignes les plus fantaisistes. Sa boulimie satisfaite, il se rendra vite compte de l'insuffisance de son dessin, mais la rectification de la désinvolture avec laquelle il l'a traité exigera tant d'efforts et de peines qu'il sera exposé à y renoncer, avec d'autant plus de raison que souvent il serait préférable de tout refaire à nouveau. S'il a le courage de prendre ce dernier parti, l'expérience, si inutile qu'elle soit, lui deviendra profitable : mais s'il recule et passe à autre chose, cette transaction avec le devoir pourra avoir pour son avenir de grosses conséquences. Donc, ne peignons pas avant de savoir parfaitement dessiner, et ne nous aventurons jamais à mettre de la couleur sur un dessin incorrect. Si nous craignons de perdre nos lignes sous les touches de la brosse, prenons-en auparavant un calque sur papier transparent, que nous appliquerons sur notre peinture au moindre embarras et qui nous montrera les redressements que nous pourrons avoir à opérer.

Oui, m'a-t-on dit souvent, nous reconnaissons l'utilité du dessin, mais qui nous l'apprendra ? Chez quel maître ou dans quel traité en trouverons-nous des règles certaines et faciles à observer ? A quoi j'ai toujours répondu : Vous acquerrez d'utiles éléments de dessin chez tous les bons artistes et dans leurs ouvrages, s'ils en ont publié, mais vous ne les mettrez sérieusement à profit qu'en les appliquant vous-même, en vous en rendant par devers vous un compte mathématique, et en constatant par votre propre expérience la vérité des principes qui les régissent. Ils sont soumis à des lois tellement rigoureuses que la plus petite infraction à laquelle vous vous laisserez aller sera facile à reconnaître, par conséquent à corriger, et que vous serez sans excuse si avec un vrai tempérament d'artiste, vous ne devenez pas un dessinateur suffisant. Je sais nombre de jeunes gens que l'aridité des premières études de dessin a découragés : peut-être aussi leurs professeurs en ont-ils un peu abusé et n'ont-ils pas assez varié la monotonie de leur enseignement. Plus tolérant qu'eux, je ne voudrais pas interdire absolument la peinture à des débutants qui grillent du désir d'étendre des couleurs sur une toile, mais je les engage de la manière la plus instante à ne jamais peindre que sur un dessin irréprochable et à dessiner le plus qu'ils le pourront, en s'appliquant à rendre la juste proportion des objets et des choses. Les petits croquis que j'ai conseillés pour servir à l'étude des principaux tons formeront autant d'exercices fort utiles de mise en place. On pourra les agrandir chez soi et en masser au fusain, au crayon ou à l'encre les valeurs générales, en y observant les lois des perspectives linéaire et aérienne, ce qui n'empêchera pas de teinter les originaux qu'on rapportera de ses promenades.

C'est tout ce que je puis dire du dessin dans ce petit traité qui s'applique spécialement à la peinture. Que de choses il y aurait cependant à ajouter sur cette branche de l'art, si mal définie encore et si imparfaitement apprise ! Le meilleur conseil que je puisse donner aux artistes est de dessiner tous les jours, aussi vite qu'il leur sera possible, en s'attachant uniquement à bien rendre l'esprit des sites qui leur serviront de modèles, en dehors de toute préoccupation puérile des traits bien sages dont le poète s'est si justement moqué.

L'exécution à l'atelier d'un tableau complet d'après une étude demandera, pour être conduite avec fruit, une certaine méthode. Il faudra d'abord en soigner particulièrement le dessin, de manière à ce qu'il soit irréprochable, en le commençant largement au fusain. Cette mise en page est de toute importance, pour ne pas avoir à regretter plus tard une décision précipitée qu'il serait difficile de modifier. Si l'on se borne à reproduire une étude, ou même à l'agrandir, le dessin en est assez simple : au cas où, pour un agrandissement, on aurait quelque hésitation sur le maintien des proportions exactes, des carreaux tirés à la règle ou battus avec un fil légèrement noirci abrégeraient beaucoup la besogne.

Mais si l'on part d'une étude sommaire dont on veut utiliser les grandes lignes et l'effet, en y ajoutant les détails que le temps n'a pas permis d'y comprendre d'après nature, un nouveau dessin devient indispensable. Pour ne pas fatiguer la toile ou le panneau, on pourra le chercher sur un papier blanc de même grandeur, aussi mince que possible, qui servira à la fois de calque pour un report au papier plombaginé et de repère pour retrouver les lignes qui pourraient être recouvertes en peignant. C'est un procédé très pratique. Quelque moyen que l'on adopte, on ne devra considérer ses traits comme définitifs et ne les passer à la couleur que lorsque la place de tous les éléments constitutifs du tableau aura été mûrement raisonnée et arrêtée. Il ne faut pas se figurer qu'elle exige un temps considérable : si l'on est bien pénétré de son motif, on sera vite fixé sur la manière la plus favorable de l'exprimer, d'autant mieux qu'on aura déjà un parti bien pris sur l'ensemble et sur les grandes masses.

On résumera son dessin en le mettant en couleur avec un pinceau fin, délayé dans de l'essence, en prenant la précaution de se servir de tons aussi bien assortis que possible aux objets et aux distances ; trois ou quatre tons, mêlés au blanc, suffiront pour cette première indication. Avec quelques coups de linge, on effacera toute trace de fusain et on pourra opérer sur une surface parfaitement propre. Les salissures de fusain qui resteraient formeraient autant d'obstacles à la franchise des tons ultérieurs, avec lesquels elles s'incorporeraient de la façon la plus fâcheuse.

Ces recommandations pourront paraître mesquines et oiseuses, mais je sais trop ce qu'il en coûte de négliger les débuts d'un tableau pour ne pas insister énergiquement sur leur application. Combien de peintres, s'en fiant à l'avenir, à leur bonne étoile, à l'inspiration ou au hasard, n'ont pu se débrouiller du chaos dans lequel les a fait sombrer un dessin insuffisant ou incorrect ! L'œuvre s'en ressent toujours et, de guerre lasse, on finit par l'abandonner à moitié route : faute d'une heure ou deux de peine, on risque de perdre de longs jours passés à piétiner sans profit. Je ne demande pas des lignes rigides et sèches,

mais un contour précis mettant bien les choses à la place qu'elles
doivent occuper.

Nous partons, avons-nous dit, d'une étude dont nous voulons garder
la donnée et l'effet. C'est sur ces points que nos efforts de coloriste
devront se concentrer. Il n'y a pas ici de règle de travail absolue :
libre à chacun de commencer et de finir par où il lui plaira. Je ne
puis à cet égard que répéter le conseil sur lequel j'ai tant insisté,
lorsque j'ai parlé de la peinture en plein air : s'appliquer à mettre le
plus promptement possible l'ensemble de son tableau sur ses pieds,
sans en perdre jamais les côtés essentiels et caractéristiques. Les détails
viendront plus tard. Il faut que, dès les premières heures, les valeurs
soient nettement écrites. Il faut aussi qu'elles le soient avec leur véritable couleur : ne croyons pas que tous les tons soient bons pour une
ébauche, suivant une ancienne routine encore trop en faveur, mais
choisissons-les avec la sollicitude la plus minutieuse. La meilleure
peinture, la plus vivante et aussi la plus solide, est celle qui est la
moins triturée. Le mode d'opération le plus logique serait certainement la peinture au premier coup, seulement il n'est pas pratique.
Un ton change souvent de qualité en séchant, pendant que son absorption par la toile sur laquelle on le pose peut le modifier plus ou
moins et le faire paraître inconsistant. Toutefois, il n'est pas toujours
nécessaire de le recouvrir entièrement : une reprise légère, plus accen-
tuée sur les parties qui auront perdu de leur netteté, suffira souvent
pour lui donner son aspect définitif. Les dangers de décomposition
seront ainsi diminués. Mais il ne faut pas évidemment que cette considération prime celle qui doit présider à tout travail sérieux, celle du
but à atteindre. On reviendra donc sur ses tons autant qu'il le faudra.
Si l'on est bien pénétré des avantages inhérents à une exécution simpli-
fiée, on en prendra aisément l'habitude, qui offrira comme autre mérite
celui de permettre l'achèvement régulier de son tableau. Autrement,
on risque de le compromettre par des violences ou des surcharges qui
souvent aboutissent à un gâchis véritable sous lequel disparaissent les
bonnes qualités qu'il peut avoir. Soyez certain qu'on peut être très
osé avec de la méthode.

Il faudra que l'étude dont on s'inspire soit placée bien en vue, sous
le même éclairage que le tableau, afin de permettre à tout instant un
examen comparatif à la plus grande distance possible. Le recul dans
l'atelier a une importance considérable : on ne s'en inquiète pas toujours assez et maintes fois il résulte d'un travail terminé de trop près

un aspect confus difficile à corriger, lorsqu'on finit par s'en apercevoir. Cet inconvénient est inhérent aux pièces trop petites : il faut y suppléer en portant son œuvre de temps en temps, soit dans un local plus vaste, soit en dehors, ce qui vaut encore mieux. Cette révision fréquente amènera presque toujours la suppression ou tout au moins l'atténuation de bien des détails auxquels on s'était laissé entraîner. En thèse générale, un tableau qui ne présente pas de loin, j'entends à une distance égale à deux à trois fois sa plus grande dimension, un ensemble bien pondéré, qui, suivant l'expression usitée, ne se tient pas, a quatre-vingt-dix-neuf chances sur cent de ne guère valoir mieux de près. Les amateurs du menu pourront le trouver bon ; il pourra même renfermer d'excellentes qualités, mais il lui manquera la première de toutes, la plus importante, l'équilibre des proportions, qui fait le principal mérite des belles choses réelles ou imitées. Généralement cette grande tenue de l'ensemble est la caractéristique des ébauches peintes d'un seul jet d'après nature : la comparaison permanente dont je viens de parler permettra au peintre de s'assurer s'il l'observe bien, et s'il ne la détruit pas en y ajoutant les détails qu'il n'a pas eu le loisir de faire entrer dans son esquisse. Plus l'étude sera poussée, plus naturellement la copie qu'on en fera à l'atelier sera facilitée. Si l'on a dû se borner à une rapide impression de plein air, il sera bon de la compléter sur place par un croquis sur un carnet de poche, indiquant par des traits et précisant par des mots la forme et le ton des points qu'on n'a pu affirmer avec la brosse ou le pinceau. On doit toujours songer, en peignant dehors, qu'on pourra avoir à utiliser son étude : quelque pressé que l'on soit, on aura toujours le temps de la renforcer d'un croquis noté.

La reproduction d'une ébauche de même grandeur est beaucoup plus simple qu'un agrandissement. Dans ce dernier cas, il arrive généralement que les tons de l'étude deviennent insuffisants lorsqu'ils sont étendus sur une surface plus vaste : il faut alors faire appel à tous ses efforts de mémoire et à toutes ses facultés de pénétration pour leur donner le corps voulu et les rendre intéressants par des variations aussi multipliées qu'on le veut, à condition qu'elles n'ôtent rien à l'harmonie de l'ensemble. Si l'on manque absolument de renseignements suffisants, mieux vaudra se borner aux valeurs générales bien tenues dans la masse.

Tous les motifs d'ailleurs ne peuvent être impunément agrandis, sous peine de paraître creux et vides. Bornons nos visées et ne traitons pas trop ambitieusement des sites modestes qui ne comportent que des

tableaux de dimension petite ou moyenne : il y aurait danger à
emboucher la trompette héroïque pour des airs modestes auxquel-
suffit le susurrement d'une flûte.

Nous appliquerons ces recommandations aux tableaux peints d'après
de simples croquis. Mais ici les documents forcément très incomplets
d'un dessin doivent être soutenus par des notations aussi nombreuses
et aussi complètes que possible. Nos pères, qui peignaient peu d'après
nature, avaient en grande estime ce procédé de renseignements écrits ;
j'ai vu dans les cartons de bons peintres de la première moitié de ce
siècle des quantités de dessins au crayon, surchargés de notes très précises marquant le ton de chaque partie principale des paysages : un
certain nombre sont massés soit à la sépia, alors en grand honneur, soit
à l'aquarelle. Seulement je n'y ai jamais observé d'indications des
valeurs comparatives des motifs, dont on se préoccupait moins que de la
couleur. On est devenu plus exigeant de nos jours, et je crois qu'un
dessin qui ne contient pas des renseignements complets à cet égard ne
peut avoir toute l'utilité qu'on peut en retirer, les valeurs d'un tableau
en constituant le caractère essentiel, qui ne peut être inventé et que le
souvenir est impuissant à reconstituer après coup. Appliquons-nous
donc à bien l'affirmer, par des lettres ou mieux encore par des chif-
fres partant de la valeur la plus claire pour arriver à la plus foncée.
Cette gradation est préférable, à mon avis, à celle qui suivrait la
gamme inverse, car il est plus avantageux et pour l'établissement d'un
tableau et pour la solidité des tons de procéder du blanc au noir, ces
mots étant pris, bien entendu, dans leur acception relative. Un ou
deux exemples me feront mieux comprendre que tous les développe-
ments littéraires du monde. Nous voulons peindre, je suppose, une vue
de ville, et, pour fixer les idées, la place Saint-Georges de Nancy, bien
connue de mes lecteurs. Après l'avoir examinée aux différentes heures
du jour, nous nous sommes arrêté à l'éclairage de l'après-midi, de
trois à cinq heures, par un beau soleil de printemps : le point qui
nous a paru le plus favorable est le bord d'une des maisons de gauche
de la place, en prolongement de la rue Saint-Georges, à une vingtaine
de mètres de la rue Bailly. Debout sur le trottoir, nous voyons de trois-
quarts le massif de la porte, flanqué à l'extrême droite d'un pignon de
maison à la suite de la vieille tour qui domine un tas de pierres
écroulées, et à gauche des premières maisons de la rue Drouin et du
mur du jardin de la Société nancéienne. A l'heure choisie, toutes les
façades tournées à l'ouest sont vivement éclairées, la statue de Saint-

Georges émerge en clair sur le ciel derrière la toiture de la porte, les façades du nord sont dans l'ombre, et la lumière qui baigne la place est coupée par l'ombre allongée des tours de la cathédrale. Le résumé d'un coup d'œil général nous donne quatre grandes valeurs : les murs au soleil, la place, le ciel et les parties dans l'ombre, avec des nuances que nous allons avoir à déterminer par un examen plus attentif. Les points les plus lumineux sont la face nord de la petite maison en équerre sur la porte, et quelques cheminées : nous les marquons en conséquence du n° 1. Puis vient la façade de la porte, à laquelle nous assignons le n° 2, et quelques pans de murs plus éloignés, qui recevront le n° 3. La place, moins brillante parce qu'elle reçoit plus obliquement les rayons du soleil, portera le n° 4, et le ciel, qui vient immédiatement après, le n° 5 ; le faîtage nord de la porte et les toits de l'ouest suivront avec le n° 6. Voilà pour les parties au soleil, sous réserve de quelques affiches blanches et roses, placardées contre la palissade de gauche, que nous indiquerons par les n° 1, 2 et 3, sans cependant nous laisser trop influencer par leurs sonorités, qui pourraient provoquer du papillottage. Si nous passons aux ombres, nous voyons que celle des tours sur la place, très reflétée par le bleu du ciel, est la moins intense, et que l'échelle régulière des valeurs nous conduit du pan nord de la petite maison perpendiculaire à la porte, influencée par la lumière de la porte, au mur du jardin de la Société nancéienne, puis au massif nord de la porte elle-même, et enfin à la voûte, qui est de beaucoup la plus foncée. En conséquence, nos n° 7, 8, 9 et 10 sont trouvés : c'est déjà un joli total. Il peut survenir dans nos notations des valeurs accidentelles, telles que les vêtements plus noirs d'un passant, une robe très claire ou un cheval blanc, qui l'emporteront sur les valeurs les plus lumineuses ou les plus obscures. Si nous les adoptons, nous les noterons, les plus claires par le n° o, les autres par les n° 11 et 12, et nous ferons pivoter l'harmonie de notre tableau sur ces deux points extrêmes. Il nous sera même très loisible de glisser dans notre série des moitiés de numéros, si quelques analogies de valeurs trop voisines pour motiver des numéros complets rendent utiles ces sous-divisions. Sur la façade éclairée de la porte, par exemple, les déprédations du temps, si chères aux artistes, ont écrit des nuances dont il faudra tenir compte. Les ombres des soubassements et des pilastres seront également notées entre les n° 7 et 8. Nous inscrirons aussi la valeur des nuages, s'il en existe dans le ciel.

Avec ces indications, appliquées bien entendu à un dessin très serré, bien en proportion et en perspective, nous aurons tous les éléments d'un camaïeu. Pour les approprier à un tableau, il nous reste à les compléter par des notes de couleur, jaune brillant pour la façade n° 1, jaune grisâtre pour la porte et les pans dans le lointain, jaune violâtre pour la place, bleu azur ou turquoise pour le ciel avec quelques traces de violet dans le bas, suivant l'aire du vent, vert rougeâtre pour la partie dans l'ombre de la petite maison, gris violet pour le mur du jardin, gris bleu pour le massif de la porte, et bleu avec vibrations rouges et vertes pour la voûte. Les personnages, animaux ou accessoires, des voitures, par exemple, recevront des indications analogues, blanc, jaune ou rosé, brun, roux ou noir bleuté. Je m'en tiens à des notations générales, laissant à chaque peintre le soin de les caractériser par tous les mots qui répondront le mieux à sa vision et à son tempérament. La langue française est si riche et les impressions qu'éveille en nous chaque variété de couleur sont si différentes qu'un vocabulaire artistique est pour ainsi dire indéfini. Les tons délicats de la nature appellent des épithètes rares, qu'un artiste saura toujours trouver, et dont l'imprévu et la fantaisie n'excluent pas la justesse. Un des peintres de race de l'époque actuelle, me montrant un jour un terrain ferrugineux fraîchement labouré, le comparait à l'acajou de son lit, et me disait que pour le rendre, il copierait son modèle jusqu'à parfaite analogie, de même pour un ciel attendri qui frissonnait au-dessus de nos têtes, et qui lui rappelait exactement un ruban de moire de nuance crème. Il avait raison.

Un site choisi en pleine campagne se traitera dans les mêmes conditions. Supposons un bord de rivière coulant obliquement, par une matinée grise, avec quelques saules au second plan, des peupliers un peu plus loin et un horizon fermé par une colline ; au bord du tableau, une prairie et un chemin longeant la rivière. Ce qui nous frappera avant tout, c'est le ciel et l'eau qui la reflète ; puis viendront successivement, en remontant comme nous l'avons dit du clair au foncé, le chemin, les fonds un peu noyés dans les vapeurs matinales, les prés, le bouquet de peupliers, la masse des saules et leurs troncs. Entre ces points pourront s'en glisser d'intermédiaires, tels qu'un éclat plus brillant dans le ciel, une excavation dans la berge, quelques vaches claires ou brunes : nous aurons à les ajouter par comparaison à nos premiers numéros ou à les intercaler entre l'un ou l'autre ; un pêcheur ou un passant, tout au premier plan, pourra constituer la tache la plus foncée et en conséquence un numéro de plus. Nos annotations de couleurs, aussi simples ou aussi compliquées qu'il vous plaira, complèteront cette première échelle de renseignements : le ciel et l'eau pourront être gris perle ou gris rose, le chemin blond ou café au lait, les prés vert pomme, les saules gris argent, et ainsi de suite. Je n'ose vraiment insister sur ce second exemple, m'étant bien appesanti déjà sur le premier. Mais j'ai une telle confiance dans les ressources présentées par ce système de notation que je ne saurais trop recommander aux paysagistes d'en faire l'essai, convaincu qu'ils l'adopteront. Il n'empêche pas, au contraire, un dessin mis rapidement à l'effet au crayon ou par quelques frottis de couleur. Ne jamais oublier que la mémoire la plus vivace a ses défaillances, et que plus on multipliera les renseignements écrits, plus on s'assurera de facilités pour l'opération si complexe de l'exécution d'un tableau.

Il sera fort utile aussi de noter par quelques mots l'aspect d'ensemble de son motif, qui, suivant l'heure, suivant la qualité de la lumière, suivant l'état d'esprit ou d'âme du peintre, pourra être joyeux ou mélancolique, sévère ou riant, sombre ou lumineux, aimable ou farouche, et toutes les épithètes et antithèses que vous voudrez. Chacun de ces caractères aura sa corrélation dans un ton dominant quelconque, bleuâtre, rosâtre, blond, avec les tempéraments les plus variés et les nuances les plus subtiles. Tous les effets de lumière et tous les temps gris sont loin de se ressembler : il y a des soleils tristes et des brumes gaies. C'est à l'artiste à faire ressortir l'impression que lui aura suggérée le spectacle de la nature.

Une bonne habitude à prendre est de condenser toutes ces observations dans une petite ébauche bien juste de ton et de valeurs, surtout si l'on veut entreprendre une grande page d'après un dessin noté. Les aquarelles rapides que j'ai conseillées comme exercices de mémoire formeront, elles aussi, d'utiles résumés dont on pourra s'inspirer pour marcher plus sûrement et sans s'exposer à des modifications trop importantes en cours de route.

Mais il ne faut pas s'attendre à obtenir chez soi la rapidité de travail et la facilité d'exécution que donne la peinture au dehors. D'après nature on n'hésite guère ; la réalité que l'on a toujours sous les yeux est un stimulant permanent, tandis que loin de son modèle on sera exposé à tâtonner, à effacer, et quelquefois à recommencer de fond en comble des portions considérables de son tableau. Des embarras surgissent tout à coup pour des points qu'on croyait tranchés ; on perd son ensemble ; on insiste trop sur tel ou tel plan ; une idée vous vient qu'on croit

meilleure et qui après essai ne vaut pas la première. On peut, devant
la nature, mener à bien une toile de 15 en cinq ou six séances de deux
heures, tandis qu'à l'atelier elle en exigera plus du double. Il n'y a pas
du reste à attacher à cette question de temps plus de poids qu'elle n'en
mérite : les heures ne font rien à l'affaire ; l'essentiel est de peindre une
bonne chose. Si le tableau d'atelier n'a pas, ce qui arrive presque toujours, les qualités de prime-saut et de liberté de l'étude de plein air, il
en aura d'autres qui les valent bien, des rapports plus justes de valeurs,
plus de pondération, plus d'harmonie générale.

Pour éviter les superpositions inutiles de couleur, qui donnent à
l'œuvre un aspect cahoteux et qui souvent s'opposent à la précision
des détails nécessaires, on devra soit gratter les parties qu'on aura à
reprendre, soit les enlever avec un linge imbibé d'essence de térébenthine ou de benzine, jusqu'à ce que la surface en redevienne lisse ou
mieux encore jusqu'à ce qu'on retrouve la préparation première de la
toile.

On fera sagement de ne pas travailler au même tableau le matin et
l'après-midi, à cause de la différence d'éclairage, qui se manifeste dans
les ateliers même les mieux orientés, mais d'en avoir deux en train,
ou au besoin plus si l'on est très laborieux. En supposant que l'on
consacre à la peinture trois heures dans la matinée et trois dans l'après-
midi, ce qui me parait fort raisonnable, car je ne suis pas d'avis qu'un
travail trop prolongé soit favorable à l'emploi normal des forces humai-
nes, on pourra affecter la moitié de chaque séance à un tableau
différent et en mener ainsi quatre de front. C'est principalement dans
les jours longs qu'on pourra varier ainsi sa besogne, car en hiver on n'a
guère à compter que sur deux heures de bonne lumière avant et après
midi, laps de temps insuffisant pour être dédoublé. Ces variations dans
le travail, loin de lui nuire, ne pourront que le bien servir. Quand un
tableau sera arrivé à un degré d'avancement sérieux, il sera sage, au
moindre embarras qu'on éprouvera pour son achèvement, de le mettre
de côté dans une autre pièce et de l'oublier pendant quelques jours,
sans céder à la tentation de le regarder. En le revoyant plus tard, la
fièvre de l'exécution apaisée, on constatera plus facilement ce qui lui
manque ; on jugera mieux aussi des qualités qu'il pourra renfermer
et qu'on aurait méconnues dans une ardeur trop passionnée à la recherche
du mieux.

Savoir s'arrêter, là gît aussi une grosse difficulté. A quel peintre

n'est-il pas arrivé de n'être jamais satisfait d'un tableau, d'en reprendre
avec acharnement les parties les mieux venues, et au bout du compte
d'en atténuer les meilleurs mérites ? Si l'on pouvait retrouver les coins
excellents enfouis sous les couches nouvelles d'un grand nombre de
paysages, des trois quarts peut-être, que de morceaux exquis on remet-
trait au jour ! Mais ces trouvailles s'en sont allées pour jamais aux pays
peuplés par tant de rêves, de déceptions et de repentirs tardifs. Et
cependant, loin de blâmer cette préoccupation constante de la perfec-
tion, je ne puis que l'approuver de toutes mes forces. En peinture
comme en toutes les manifestations de l'intelligence, l'avenir est aux
inquiets. La belle assurance du peintre content de lui, à part quelques
virtuoses de la palette dont la carrière n'a été qu'une suite ininterrom-
pue de bonheurs, n'aboutit le plus souvent qu'à la pire des médiocrités.
Mais pas plus d'exagération, n'est-ce pas, dans le sens optimiste que
dans celui du découragement : quand un tableau nous paraît à peu
près complet, quand nous y avons consacré toute la somme d'énergie
dont nous sommes capables, considérons-le comme terminé et passons
à un autre.

Je voudrais aussi prémunir les peintres contre l'influence des donneurs d'avis, tout au moins pendant l'exécution de leurs tableaux. Les
visiteurs d'un atelier sont généralement prodigues de conseils, les uns
par courtoisie, les autres sous prétexte d'affirmer leur compétence. Beaucoup d'artistes, et d'excellents, sont très sensibles à ces observations :
ils s'en préoccupent plus que de raison pour peu qu'elles aient un air de
vraisemblance ; d'autres vont au devant et ont l'imprudence de les provoquer. Un paysage en train prête aux interprétations les plus diverses ;
même lorsqu'il est terminé, à plus forte raison lorsqu'il est en route,
on peut y voir tout autre chose que ce que le peintre a prétendu y mettre,
et sur ce terrain de fantaisie on se laisse aller volontiers à des réflexions
hâtives et troublantes. Aussi je comprends les peintres qui ferment im-
pitoyablement leur porte tant que leur tableau n'est pas fini : ils
s'épargnent ainsi de gros tracas, et en supposant qu'ils perdent un avis
utile ils en évitent un grand nombre de dangereux. S'il leur fallait céder
à toutes les appréciations émises devant eux, ils ne sortiraient jamais de
leur travail. Bien entendu, je ne proscris pas la critique sage et raisonnée d'un ou plusieurs familiers avec lesquels on vit en communauté
de convictions artistiques : je la considère au contraire comme précieuse, à condition qu'elle soit formulée en parfaite connaissance de
cause. Je m'élève seulement contre des abus dont j'ai fréquemment

constaté les pernicieux effets. Un paysage, comme du reste toutes les œuvres d'art, ne sera intéressant que s'il est l'expression d'une émotion forte et d'une volonté énergique contre laquelle aucune considération en dehors ne doit prévaloir.

N'abusons pas non plus de l'aide de la photographie. A Dieu ne plaise que je dise rien de défavorable à une invention à laquelle nous devons tant de bienfaits, la conservation de traits qui nous sont chers, la vulgarisation des belles œuvres, la connaissance des régions les plus éloignées, qui n'ont plus de secrets pour nous, et bien d'autres avantages qui en font une des découvertes les plus importantes de ce siècle. Les photographes patentés ou amateurs sont légion aujourd'hui : tous les jours on leur offre des appareils et des procédés nouveaux qui rivalisent de rapidité et de simplicité ; ce sont autant de recrues pour le goût de la nature, qu'on ne saurait trop développer. Mais il faut reconnaître que comme ressources pour la peinture, les résultats obtenus ne sont pas encore assez complets pour être utilisés sans graves restrictions. La photographie ne rend pas exactement les valeurs, et c'est là le principal grief à émettre contre elle : les bleus donnent des blancs, et les rouges et les verts produisent des noirs. Les spécialistes nous expliquent on ne peut mieux les causes de ces anomalies et cherchent à y porter remède, mais jusqu'à ce qu'ils y soient parvenus nous n'avons qu'à nous tenir en défiance. Plus une épreuve est parfaite au point de vue purement photographique, c'est-à-dire plus elle est nette et renferme de détails, plus ces défauts sont marqués. Lorsque vous voyez dans un journal illustré ou dans une exposition un dessin ou un tableau où le ciel est trop clair et la verdure trop foncée, vous pouvez affirmer que la photographie a passé par là : elle a pu abréger la besogne, mais en la gâtant. Le moindre croquis, avec quelques indications au vol du crayon, vaudra mieux comme renseignement de valeurs que l'épreuve la mieux réussie. Toutefois, je crois que comme dessin les photographies peuvent rendre quelques services à l'art et je ne vois nul inconvénient à ce que le bagage d'un paysagiste comprenne un petit appareil très portatif et très rapide : dans certaines circonstances où il sera trop pressé ou aux prises avec des détails trop nombreux, une architecture compliquée, par exemple, ou un amoncellement de maisons, le peintre pourra s'en servir avec fruit, de même que pour amasser des documents qu'il lui sera utile d'avoir sous la main à l'occasion pour meubler ses tableaux, personnages, oiseaux, chevaux, voitures en marche et autres compléments. J'estime encore que l'examen de bonnes épreuves constitue une excellente leçon de mise en place pour des points difficiles à saisir par leur extrême mobilité, tels que des mouvements de nuages orageux ou des reflets dans des eaux agitées. La photographie peut donc faire bon ménage avec l'art du paysagiste, sous réserve qu'on ne lui demandera que ce qu'elle peut légitimement donner : je parle, on le comprend, de la photographie instantanée, la seule qui permette de fixer les mouvements. Mais je ne puis oublier que ni Ruysdaël, ni le Poussin, ni Turner, ni Corot, ni tant d'autres grands peintres ne s'en sont servi.

Toutes les recommandations sur lesquelles j'ai insisté en parlant de la peinture d'après nature pour l'appropriation quotidienne des brosses, des pinceaux et de la palette, s'appliquent naturellement au travail dans l'atelier : il est indispensable de traiter ses outils avec un soin méticuleux pour pouvoir leur demander tous les services dont ils sont capables. Le lavage des brosses au savon et des pinceaux à l'essence ordinaire est de première nécessité, sinon après chaque séance, ce qui serait la meilleure méthode à suivre, à tout le moins le soir, après la journée faite : si l'on recule devant cette petite opération sous un prétexte quelconque, on en éprouvera certainement des désagréments. Le lendemain elle sera plus difficile à accomplir, et, surtout dans les chaleurs de l'été, la dessiccation des couleurs pourra empêcher qu'elle soit aussi complète qu'il le faudrait. En prenant l'habitude d'y procéder chaque soir, on préviendra ces regrets tardifs. J'en dis autant de la palette : si on y laisse accumuler et sécher des couleurs, pures ou mélangées, on finira par n'avoir plus de place pour la préparation de ses tons, tandis qu'en la râclant tous les soirs minutieusement et en complétant cette mesure par un frottis à l'essence, on sera certain d'avoir le lendemain un champ d'opération bien net. Comme je l'ai dit en parlant des diverses palettes, je pousse le scrupule jusqu'à enlever entièrement, pour les transporter dans une soucoupe remplie d'eau, les couleurs pures qui peuvent rester sur la mienne : c'est peut-être un luxe inutile, mais le plaisir d'employer toujours des couleurs bien fraiches le justifie, je le crois, d'autant plus qu'il demande à peine une minute.

Nous avons à examiner maintenant les grands principes qui doivent nous guider dans l'exécution de nos tableaux.

III

Un soir de ce dernier automne, je rentrais au village, après une belle journée, en compagnie du peintre éminent dont je parlais à propos des notations de couleurs. Nous causions peinture, comme je suis heureux de le faire chaque fois que j'ai la bonne fortune de me rencontrer avec ce vaillant artiste, novateur au sens le plus élevé du mot. Le soleil était tombé à notre gauche derrière la colline : de la voûte du ciel, resplendissante des derniers feux de l'astre, s'épandait sur la terre une cendre blonde qui se nuançait au loin des lilas les plus délicats. Tout s'apaisait, couleurs et bruits, dans le pacifique silence de cette heure exquise. Nous suivions une route bordée de platanes aux feuilles rougies par les premiers froids. « Voyez, me disait mon interlocuteur. en me montrant une succession de champs cultivés aboutissant à deux croupes de montagnes qui se profilaient sur l'or fondu du couchant, voyez comme la nature est simple : il semble qu'avec deux tons, un gris violet pour les terrains, un rouge verdi pour le ciel, on puisse dégager l'impression de sérénité qui se dégage de ce coin de terre. Et, continuait-il, nous n'avons rien inventé, nous autres modernes qui nous flattons d'avoir trouvé de nouvelles formules. Qui mieux que les primitifs, que Van Eyck, que Ghirlandaio, que Pérugin, que Mantegna, que Breughel, a donné avec des moyens plus restreints et une palette aussi réduite la sensation des montagnes italiennes ou des plaines de Flandre ? Avec quelques tons appliqués sur leurs tableaux en touches précises, ils ont écrit de la manière la plus lisible et en même temps la plus poétique, en donnant à cette épithète son acception la plus haute, le caractère des pays qui les ont inspirés, la clarté de l'atmosphère, la limpidité des matins, la délicatesse des feuillages, le fracas des torrents, la rudesse des solitudes sauvages, la fluidité des beaux ciels du Midi, tout ce qui constitue la vérité d'un paysage. Nos préoccupations sont différentes des leurs, nous avons des aspirations que nous croyons plus raffinées ; peut-être pourrons-nous chanter la nature sur un autre mode, mais jamais nous ne l'exprimerons plus simplement et d'une manière plus éloquente. Ce qu'il nous faut retenir des grands exemples qu'ils nous fournissent et que les siècles ont été impuissants à altérer, tant leur pratique était sûre et reposait sur des procédés à l'abri de nos altérations mercantiles, c'est qu'il faut nous évertuer à résumer la nature dans nos productions, à en concentrer l'essence et le côté typique par des travaux aussi concis et aussi expressifs que nous le pourrons. »

Je résume, bien entendu, cette conversation, qui fut trop courte à mon gré, tout en se prolongeant jusqu'à l'obscurcissement complet des lueurs du couchant, et dont je regrette de ne pouvoir reproduire ici le tour si pittoresque. L'idée qui s'en dégage est que le paysagiste à l'atelier doit toujours synthétiser, son dessin d'abord, en le réduisant aux lignes maitresses, son effet, en y insistant par d'intelligents sacrifices, enfin sa couleur, en ne se servant que de tons véritablement utiles et bien en rapport. Si une de ces bases lui manque, son œuvre sera incomplète, et tous les détails qu'il y ajoutera ne feront qu'en accentuer le déséquilibre. Que son travail soit rapide ou pénible, peu importe : le seul but à poursuivre est d'obtenir une œuvre forte, bien voulue et bien assise.

Tout dans la nature, les champs, les collines, les arbres, les eaux, a un caractère particulier qui varie suivant les pays, les heures et les saisons. Voici un ruisseau planté de grands peupliers : chacun de ces arbres a sa physionomie bien tranchée, comme chaque individu pris dans une foule a la sienne, à un degré tel que nul ne peut être confondu avec son voisin. Un vrai peintre saura exprimer en traits bien nets ce qui distingue un peuplier d'un autre : un peintre médiocre se contentera de leur donner à tous les signes généraux des peupliers, et il n'aboutira qu'à la monotonie. Avec la préoccupation unique et constante de serrer de près la vérité, on donnera de l'intérêt aux sites en apparence les plus humbles. De même pour l'effet : en le regardant bien, en s'en imprégnant, on verra sur quels points du tableau il devra plus spécialement porter, et on y subordonnera tout son ensemble.

En ce qui concerne la couleur, même opération de synthèse. Si l'on regarde isolément chaque portion d'un paysage, on y verra des nuances très variées, mais en le considérant tout entier, on constatera bien vite que ces multiplicités de couleurs s'atténuent pour se résumer en quelques tons généraux sur lesquels on aura à insister.

Une fois ces grands points bien acquis, libre au peintre de les agrémenter par tous les détails qu'il voudra, à la condition expresse qu'aucun ne nuira à la grande donnée d'ensemble qui doit être son but. Je ne parle évidemment que de la partie de son paysage sur laquelle il voudra fixer l'attention : c'est là qu'il aura à redoubler de vigilance pour être aussi affirmatif qu'il lui sera possible par le dessin et la couleur. Les espaces environnants seront traités plus simplement et serviront à faire valoir cette concentration.

Ce travail de résumé ne peut que difficilement se faire d'après nature, et c'est lui qui différencie la peinture à l'atelier du paysage peint sur place. Je n'oserais me prononcer sur les avantages que peut présenter chaque système. Je me contenterai de répéter que le paysage chez soi ne doit être que le complément d'études faites dehors tant que le temps le permettra. Si l'on perdait l'habitude de revenir à la source inépuisable de toute beauté et de toute vérité, on serait irrémédiablement perdu. Mais en se retrempant souvent dans la contemplation de la nature, et en s'aidant des notes et des souvenirs que j'ai indiqués, on pourra utiliser de la manière la plus attrayante et la plus artistique les heures où les stations en plein air sont interdites dans nos climats rigoureux. Toutefois, il faut de la persévérance aux peintres habitués à peindre d'après nature pour s'intéresser aux travaux d'intérieur : j'en connais qui ont été de longues années à s'y faire, et qui regardaient comme inutiles les heures passées à s'y familiariser; il a fallu que d'excellents résultats vinssent les convaincre. J'en dirai autant, du reste, des paysagistes trop habitués à rester chez eux, et pour lesquels les stations dans la campagne sont des exceptions auxquelles ils ne se résignent qu'avec peine. Mon avis est qu'il faut peindre dehors tant qu'on le pourra, et ne se confiner dans son atelier que lorsqu'il n'y aura pas moyen de faire autrement, ce qui nous donne six mois au moins de réclusion, à nous autres pauvres septentrionaux que le soleil traite avec tant de parcimonie.

Une loi fondamentale, que le paysagiste doit avoir toujours présente à l'esprit aussi bien dans l'atelier que dehors, est celle des valeurs : je ne saurais trop insister sur l'importance capitale de son observation rigoureuse, qui seule conduit aux œuvres fortes et durables. C'est parce qu'elle y est mal appliquée que tant de tableaux, peints avec talent, ne donnent pas la sensation de vérité que ne peuvent remplacer ni le fini du détail ni l'habileté de la touche. Plus le peintre se préoccupera des recherches de la couleur et de la finesse des tons, plus il devra s'attacher à les appuyer sur des valeurs justes. C'est Corot qui le premier, dans le paysage moderne, a montré le rôle capital de cette grande loi : ses tableaux les plus travaillés, comme ses moindres ébauches, se recommandent toujours et avant tout par le respect absolu des valeurs. Cet admirable artiste installait de prime abord les parties les plus claires et les plus foncées de ses paysages et y subordonnait toutes les autres. Voyez cependant combien les idées les plus saines ont de peine à faire leur chemin. Le vocable *valeur*, entré aujourd'hui dans la pratique courante, n'a pas encore conquis dans le dictionnaire la place à laquelle il a droit. Ainsi que le fait remarquer M. Bracquemond dans son maître livre sur le dessin et la couleur (1), « l'Académie, qui, pour la première fois, enregistre l'emploi du mot *valeur* dans sa septième édition (1878), en confond le sens dans la première partie de sa définition, où elle lui donne une acception qui ne touche que les contrastes des couleurs entre elles, tout en lui rendant, dans la seconde partie, son acception régulière. Chez Littré, l'erreur est complète, et sa définition doit être intégralement reportée au contraste simultané des couleurs ».

Rectifions ces contradictions et disons, avec M. Bracquemond, que « le mot *valeur* spécifie, pour la lumière, l'intensité de clarté, abstraction faite de toute idée de couleur. Il indique ce que *valent* une couleur, une nuance, un ton, une teinte, mesurées sur l'échelle graduée entre le blanc et le noir, limites extrêmes de la lumière. Il évoque l'idée de contraste, provenant de la clarté et de l'obscurité, du blanc et du noir, et de tous leurs composés ».

Nous voilà cette fois en possession d'une définition bien nette, dont l'application peut quelquefois présenter des difficultés, tant la nature est délicate et nous offre de nuances dont la valeur comparative est peu commode à apprécier, mais qui ne peut prêter à aucune interprétation erronée. Les esquisses et les notations qui nous serviront à peindre chez nous devront toujours être établies d'après la somme plus ou moins grande de blanc et de noir des diverses parties de nos paysages. Si ces indications, qui demandent de la réflexion avant d'être affirmées, reposent sur la vérité et sur un dessin irréprochable, leur mise en pratique n'exigera que peu d'efforts et nous mènera infailliblement à un bon résultat.

---

(1) *Du dessin et de la couleur*, par Bracquemond, peintre et graveur : un vol. in-18, G. Charpentier et Cie, 1885. Livre excellent et plein d'idées, dont je conseille la lecture assidue à tous les peintres.

La couleur est la conséquence logique des valeurs. Une eau-forte de Rembrandt, le *Paysage aux trois arbres*, par exemple, est si bien écrite, tout y est si bien pondéré et si bien à sa place, la lumière et l'obscurité y sont si réparties, que le coloris n'y semble plus qu'une affaire de temps et de soins. C'est vers cette solidarité que le peintre doit notamment tendre, en harmonisant sa couleur avec la valeur de chaque plan dans ses ébauches et dans ses notes, afin que le travail à l'atelier ne soit que la conséquence toute naturelle de ces indications.

Je me suis tellement étendu dans le *Paysage d'après nature* sur le contraste simultané des couleurs que je dois me borner ici, sous peine de redites, à en poser les grands principes, qui sont naturellement les mêmes pour la peinture dans l'atelier.

Jamais cette étude des contrastes n'a tant préoccupé la science et l'art : les travaux de MM. Rood, Young, Helmholtz, Boll, A. Henry, Hernig, Kühn, Vibert, Signac, du Père Lacouture et de tant d'autres chercheurs, approfondissent chaque jour le sillon ouvert par Chevreul. Me sera-t-il permis d'ajouter qu'ils compliquent beaucoup la question et que de grandes divergences d'opinions sur sa nature même provoquent des conflits qui ne sont pas encore à la veille d'être résolus ? On ne s'entend plus sur le nombre et le nom des couleurs primaires : les uns en admettent quatre au lieu de trois ; d'autres y comprennent le vert et le violet. Restons prudemment en dehors de ces débats, et contentons-nous de la vieille théorie de Chreveul, dont voici le résumé. Sur les six couleurs du prisme, trois sont simples, le bleu, le jaune et le rouge ; trois sont composées, l'orangé, le violet et le vert, et chacune des couleurs simples s'exalte par le voisinage du mélange formé par les deux autres. De là le nom de *complémentaires* donné aux couleurs qui se font valoir par juxtaposition, et dont une autre propriété est de s'atténuer par mélanges. Le bleu et l'orangé, le jaune et le violet, le rouge et le vert sont complémentaires. Pour la même raison, les tons intermédiaires provenant des mélanges des couleurs non complémentaires trouveront leurs stimulants dans les mélanges des couleurs qui les complètent : le soufre, obtenu avec le jaune et le vert, sera avivé par le grenat, qui est un violet rougi ; le ton campanule, produit par du bleu et du violet, sera exalté par le safran, qui provient du jaune et de l'orangé ; le bleu turquoise, qui est un vert-bleu, brillera davantage au voisinage du mélange capucine né du rouge et de l'orangé. Les nuances les plus subtiles de la nature ont ainsi leurs complémentaires correspondantes, mais ces variétés, qu'on peut étendre aussi loin qu'on le veut, dériveront toujours des six couleurs du prisme, que des mélanges entre elles ou avec le blanc et le noir modifieront à l'infini. En les utilisant, le peintre ne devra jamais perdre de vue ni leur influence réciproque par contraste simultané, ni les apaisements que les complémentaires mêlées produisent en donnant des gris avec ton dominant.

Je m'arrête, car ce n'est ni dans les théories ni dans les livres que l'artiste doit chercher à bien s'assimiler cette loi si importante du contraste des couleurs, mais dans ses observations personnelles et constantes de la nature. Avec le bagage si pauvre dont il dispose, il trouvera dans des juxtapositions raisonnées des ressources qui le mettront à même de rendre l'apparence de la réalité, ce qui est tout en art. Jamais, par exemple, il n'aura de jaunes assez brillants pour aborder l'éclat d'un mur blanc inondé de soleil, mais avec des violets glissés dans le ciel sur lequel ce mur se détache, il en exaltera la lumière d'une manière très suffisante : de même des bleus délicats, fouettant les pénombres mystérieuses d'un bois à l'horizon, à l'heure où le soleil disparaît, accentueront les rutilances du couchant. Ces effets, que j'ai intentionnellement choisis parmi les plus marqués de la palette, seront obtenus sans violences et sans oppositions heurtées.

Comme corollaire de cette grande loi, nous aurons à tenir un compte rigoureux de celle qui régit le ton des ombres, et d'après laquelle toute ombre se colore plus ou moins, suivant l'intensité de la lumière, de la complémentaire de la partie éclairée. Une zone d'ombre coupant un pan d'étoffe rouge devra être légèrement teintée de vert. Ce principe essentiel, découvert par Delacroix, nous permettra d'éviter les opacités qui ôtent tant d'agrément à quantité de tableaux, si bien dessinés et si justes de valeurs qu'ils puissent être.

Souvent ces lourdeurs proviennent d'une trop grande uniformité dans l'application des tons. Un pré, même très uni, paraîtra terne et triste si le vert y est trop également réparti. Les Japonais, auxquels il faut toujours revenir chaque fois qu'il est question de séduction de coloris et de raffinement des procédés d'exécution, n'ont garde de tomber dans cet épandage monotone : par de savants sacrifices ils appliquent un vert franc sur quelques points dominants et laissent le reste dans un frottis léger dont l'indécision met en valeur les accents sur lesquels ils insistent. Notez que cette excitation est produite non par un contraste de couleurs, mais, ce qui est plus caractéristique encore, par un simple jeu de ton sur ton.

A plus forte raison l'obtiendra-t-on en usant de la précieuse faculté des couleurs juxtaposées de s'exalter quand elles sont bien choisies et en utilisant le mélange optique, c'est-à-dire l'influence sur l'œil de la résultante des couleurs complémentaires. Sans vouloir m'étendre plus que de raison sur ce point, je voudrais en dire ici quelques mots, ne l'ayant pas encore traité et le considérant comme fort important.

Voici les principes qui régissent le mélange optique.

Deux couleurs voisines s'influencent réciproquement, chacune empruntant à l'autre sa complémentaire.

A la couleur locale d'un objet s'ajoutent, pour la modifier, celle de la lumière éclairante, celle des reflets, et, pour les portions dans l'ombre, celle des complémentaires.

Si l'on tient compte de ces divers éléments de coloration, on sera conduit à juxtaposer en menues touches les tons qui y répondent sur la palette. Telle est, réduite à ses lignes les plus larges, la théorie du mélange optique, qu'une phalange de peintres, qualifiés de *pointillistes* en raison de leur mode d'opérer, appliquent avec une logique inflexible. Je n'ai pas, dans ce petit traité, à prendre parti pour ou contre ces novateurs, auxquels on ne peut dénier ni la conviction ni le courage. Les principes sur lesquels ils s'appuient me paraissant, en dehors de tout système d'application, parfaitement logiques, j'en recommande l'étude à tous ceux que préoccupent les formules nouvelles de l'art.

Je veux me borner à donner, d'après M. Félix Fénéon, qui s'est fait l'historiographe convaincu et ardent de la jeune école, un exemple que je trouve dans sa biographie du peintre Signac (1).

La couleur d'un objet dans la lumière comprend la couleur locale et l'orangé solaire ; dans l'ombre, la couleur locale, sa complémentaire, un peu d'orangé solaire et sa complémentaire, le bleu. Un arbre se détachant au soleil sur un ciel lumineux s'affirmera par des touches vertes (localité) et orangées (soleil) ; le ciel, par des touches bleues (localité) et orangées (soleil). Le vert de l'arbre teintera légèrement de rose les parties environnantes du ciel, qui lui-même réagira en vert

---

(1) *Les hommes d'aujourd'hui*. Signac, par Félix Fénéon. Paris, Vanier. En outre de cette très intéressante livraison, je signale celles que MM. Jules Christophe et Georges Lecomte ont consacrées à MM. Maximilien Luce, Georges Seurat, si malheureusement enlevé récemment à l'art, Dubois-Pillet et Camille Pissarro.

sur l'arbre. Dans l'ombre, le vert local sera mélangé d'un peu d'orangé et de jaune, mais fortement influencé de bleu par la lumière orangée du ciel.

La facture très régulière des pointillistes déroute, je le sais, beaucoup d'artistes, même parmi ceux qui ne s'effraient pas des nouveautés. Je tiens tout au moins à faire ressortir ce que le principe de cette école a de raisonné, et à en profiter pour insister sur l'extrême utilité de ne pas mélanger trop intimement les tons sur la palette, mais de les enrouler simplement en tresses perceptibles autour de la brosse ou du pinceau, de façon à ce qu'ils conservent leur personnalité et leur jeu une fois étendus sur la toile : en les choisissant bien, on obtiendra des vibrations des plus utiles. Il est indispensable aussi, sous peine de n'arriver qu'à des tons absolument amortis et lourds, de mélanger le moins de couleurs possible et de ne jamais dépasser le chiffre de trois, et encore lorsqu'on y est absolument forcé par certaines nuances qui doivent être considérées comme des exceptions. En pratique courante, le mélange de deux couleurs seulement doit être adopté : une seule vaut encore mieux, chaque fois qu'elle peut suffire. Je ne parle naturellement pas du blanc, qui n'ayant pas de couleur propre peut être mêlé à tous les tons et qui joue un rôle très considérable en peinture. Je trouve même qu'il est trop à la mode de nos jours, et qu'il est nécessaire de réagir contre l'abus qui s'en commet. Certainement les valeurs claires sont très séduisantes, et, comparées aux noirceurs sous lesquelles se sont éteints les cinq sixièmes des tableaux de la première partie du siècle, ne sauraient trop être conseillées; mais de là à l'aspect blafard que donnent des rabattages de blanc absolument systématiques, il y a un écart contre lequel le goût public commence à s'élever. Comme toutes les réactions, celle-ci a été excessive : il est urgent de revenir à des colorations plus vives et se rapprochant davantage de la nature. Notre palette est assez misérable déjà pour que nous ne cherchions pas à l'appauvrir par une dilution blanche qui enlève tout éclat aux tons et qui donne aux effets les plus variés la même apparence monotone et monochrome.

On devra se rappeler aussi que chaque ton produit autour de lui une auréole d'autant plus marquée que le ton est plus lumineux. Un toit rouge, ou un arbre violemment frappé par le soleil, ne se délimiteront pas par des arêtes sèches, mais l'influence de leurs colorations se fera sentir par des irradiations qui se fondront peu à peu dans les parties avoisinantes. C'est pour cette raison que les objets très clairs et très éclairés semblent avoir des dimensions plus grandes qu'ils n'en ont dans la réalité. Un linge étendu au soleil aura un quart d'importance de plus s'il est blanc que s'il est teint d'une couleur sourde, verte ou violette. Si nous nous plaçons dans une église de façon à ce qu'un pilier coupe une des baies, nous constaterons que l'arête du pilier, au lieu de se poursuivre directement sur le clair de la fenêtre, semblera se reculer et fera paraître à la fois le pilier plus étroit et la fenêtre plus large. Observons aussi en passant que l'arête en contact avec la grande lumière ne se détachera pas sèchement, mais sera un peu tremblée. Tous les objets en opposition avec le ciel, poteaux, mâts, cheminées, cimes d'arbres, croupes de montagnes, devront pour ce même motif être indiqués non par des lignes rigides, mais avec des brisures délicates : ces ondulations ne seront critiquables que si elles sont trop accentuées et maladroitement dirigées.

L'observation rigoureuse des valeurs et des tons a pour résultat la justesse absolue des divers plans d'un paysage, que nos pères appelaient, non sans raison, la perspective aérienne : le mot est peut-être un peu démodé, mais la qualité à laquelle il répond est toujours une des bases de tout bon tableau : si l'air n'y circule pas, si on ne s'y rend pas un compte exact des distances, il en résultera un désaccord dont l'œil sera troublé. Le paysagiste devra donc s'inquiéter de cette harmonie essentielle, souvent plus facile à observer dans l'atelier que d'après nature, où mille accidents peuvent empêcher de la bien voir.

Les reflets, c'est-à-dire l'influence réciproque de la lumière et des couleurs des corps, jouent dans la nature un rôle considérable que l'artiste devra s'ingénier à bien observer et à bien appliquer. Le ciel, de quelque nuance qu'on le suppose, les arbres, les eaux, les maisons et en général tous les objets possibles, modifient constamment, et souvent de la manière la plus profonde, les valeurs et les tons des surfaces sur lesquelles leur action s'exerce. Dans une grande plaine, un ciel pur jette des grisonnements bleuâtres d'autant plus sensibles que les plans sont plus éloignés ; ce bleuissement se manifeste dans les ombres projetées par les arbres, les accidents de terrain et les personnages, en atténuant les complémentaires dont elles doivent logiquement être colorées ; si nous nous plaçons dans une rue dont une moitié est frappée par le soleil, les maisons et la partie du sol très éclairées enverront sur les faces verticales de l'ombre des lueurs jaunes qui iront en s'affaiblissant vers le bas, où elles seront combattues par l'influence grise de l'ombre horizontale. Les reflets ont leurs lois rigoureuses, tout comme celles des ombres et de la perspective : on peut les apprendre théoriquement et je conseille à tous les artistes d'en faire l'objet d'une étude sérieuse, que la pratique et l'examen persistant de la nature compléteront.

C'est par l'observation de toutes ces règles que s'obtiendra ce que les marchands de tableaux appellent des *tons fins*. Un ton n'est pas fin parce qu'il n'est formé que de couleurs coûteuses ou délicates, mais parce qu'il est exactement dans son milieu, dans sa coloration et dans sa valeur. Si l'on voyait isolément, comme le dit si justement Charles Blanc, les touches dont Delacroix a strié quelques-unes de ses figures, on les prendrait pour de la boue, tandis qu'à la place où le génie du peintre a su les poser elles paraissent le dernier mot de la délicatesse.

Je reviens sur mon conseil de varier le plus possible l'emploi des couleurs solides de mêmes gammes, afin de tenir toujours en éveil les facultés de chercheur qui seules constituent un véritable tempérament artistique. On ne doit, à mon avis, charger sa palette que des tons qui s'harmonisent avec l'effet qu'on a arrêté, et, une fois ce choix bien précisé, ne pas le modifier en cours d'exécution : l'œuvre y gagnera certainement de l'unité. Pour cette raison, j'estime que ces couleurs à utiliser par les temps gris devront être, au moins pour les plus vives, différentes de celles dont on se servira pour les grands soleils : ceux-ci comporteront les jaunes ardents, les verts intenses et le bleu de cobalt, tandis qu'on réservera aux effets gris l'ocre jaune, l'outremer jaune, le bleu d'outremer, le violet de cobalt et le noir. Je me borne à indiquer cette grande division, que chacun appréciera suivant ses dispositions et ses goûts.

Un certain nombre de peintres, et des meilleurs, ont l'habitude de préparer par avance sur leur palette les cinq ou six grands tons essentiels de leurs tableaux, et de s'en servir à l'exclusion des couleurs pures. Cette méthode favorise beaucoup le maintien de l'harmonie des tableaux, dans laquelle des touches plus fantaisistes apportent souvent des détonnances et de graves perturbations.

C'est par un dernier et pressant appel à la poursuite de l'harmonie que je veux terminer mon travail. Un paysage aura beau être peint avec une science consommée ; c'est en vain que l'artiste y aura accumulé les détails les plus précieux, les couleurs les plus chatoyantes : si l'ensemble pèche, si l'œuvre n'a pas d'unité, elle pourra être de celles qu'on regardera avec plaisir, mais auxquelles on ne reviendra pas. La facture, le procédé et le fini ne sont que des points accessoires : ce qui doit dominer dans tout tableau, c'est l'idée qui l'a suggéré, et qui doit frapper le spectateur. On passera au peintre des imperfections, des inexpériences, des défaillances même ; on ne lui pardonnera pas les fautes d'ensemble qu'il pourra commettre.

Certainement ce sentiment de l'harmonie est rare. Il n'est donné qu'à une élite de l'avoir de toutes pièces en partage ; la majorité des peintres, et surtout les amateurs, auxquels j'adresse humblement mes conseils, ne peuvent prétendre à l'acquérir qu'à la longue et au prix d'une indomptable volonté. Mais plus le but est élevé, plus il y a d'honneur à aspirer à l'atteindre.

Cherchons avant tout et toujours notre ensemble ; supprimons-en sans pitié les détails oiseux et n'y ajoutons peu à peu que ceux qui, comme lignes, forme et couleur, peuvent y apporter un concours vraiment utile. Menons notre tableau progressivement, méthodiquement, sans nous laisser détourner de l'harmonie générale par le plaisir bien fugitif d'en parachever un morceau avant d'être bien certain de ne pas en compromettre la tenue par des détails oiseux ou anticipés.

Surtout, ne nous enrégimentons dans aucune école, et n'inscrivons sur notre drapeau que la recherche de la vérité, telle que nous la ressentons au plus profond de notre cœur. La nature est la mère de toute poésie : si nous la comprenons bien, si nous savons bien la regarder, nous arriverons à la bien rendre. La peinture n'a pas pour objectif la vulgaire reproduction des objets et des choses. Cette recherche banale ne mène qu'à des trompe-l'œil sans intérêt. L'art a de plus hautes visées : par les yeux qui regardent, il doit aller jusqu'à l'âme qui pense.

Trop de tableaux ! répètent à l'envi les journaux chaque fois qu'avec les bourgeons printaniers s'ouvrent à Paris les salons de peinture. Oui, il y aura toujours trop de tableaux médiocres, de copies, d'imitations, de banalités. Mais il n'y aura jamais assez d'œuvres personnelles, vivantes, montrant un nouvel aspect et une interprétation originale de la nature.

www.ingramcontent.com/pod-product-compliance
Lightning Source LLC
LaVergne TN
LVHW022340170726
843503LV00008B/3459